U0894721

General Textual Research
on Dissemination of Editions of
Marxist Classical Works

马克思主义经典文献传播通考

杨金海　李惠斌　艾四林　主编

Karl Marx

《哥达纲领批判》李春蕃译本考

文长春　著

辽宁人民出版社

图书在版编目（CIP）数据

《哥达纲领批判》李春蕃译本考 / 文长春著. —沈阳：辽宁人民出版社，2021.4
（马克思主义经典文献传播通考 / 杨金海，李惠斌，艾四林主编）
ISBN 978-7-205-10169-5

Ⅰ. ①哥… Ⅱ. ①文… Ⅲ. ①哥达纲领批判—马克思著作研究 Ⅳ. ①A811.24

中国版本图书馆CIP数据核字（2021）第040063号

出版发行：辽宁人民出版社
地址：沈阳市和平区十一纬路25号　邮编：110003
电话：024-23284321（邮　购）　024-23284324（发行部）
传真：024-23284191（发行部）　024-23284304（办公室）
http://www.lnpph.com.cn
印　　刷：辽宁新华印务有限公司
幅面尺寸：160mm×230mm
印　　张：12
字　　数：150千字
出版时间：2021年4月第1版
印刷时间：2021年4月第1次印刷
责任编辑：李翘楚
装帧设计：晓笛设计工作室　舒刚卫
责任校对：冯　莹　牛天野
书　　号：ISBN 978-7-205-10169-5

定　　价：55.00元

马克思主义经典文献传播通考

出版委员会

本丛书研究得到“教育部哲学社会科学研究‘庆祝中国共产党成立百年’重大专项”资助

总序

呈献给读者的这套“马克思主义经典文献传播通考”，旨在立足于21世纪中国和世界发展的历史高度，对我国1949年以前马克思、恩格斯、列宁等重要著作的中文版本进行收集整理，并作适当的版本、文本考证研究，供广大读者特别是致力于深入研究马克思主义经典作家原著的读者阅读使用。计划出版100种，4年内陆续完成编写和出版工作。

一、“马克思主义经典文献传播通考”概念界定

“马克思主义经典文献传播通考”在我国学术界是一个全新的概念。之所以这样说，是因为过去从未有人用过这一术语，甚至未曾有过这一理念。在我国学术界，对中国传统经典文献的考据乃至通考性的整理研究并不鲜见，包括对儒、释、道等经典的通考性整理研究成果十分丰富，但对近百年来中文版马克思主义经典文献的考据以及整理性研究只是近年来才逐渐为人们所认识，至于在此基础上的通考性整理研究还几乎没有进入人们的视野。所以，首先有必要对这里所说的“马克思主义经典文献传播通考”这一概念

的含义进行说明。

第一，这里所说的“马克思主义经典文献”，主要是指中文版的马克思、恩格斯、列宁的著作，斯大林的重要著作也适当列入。这些经典文献在中国的翻译传播，如果从1899年初马克思、恩格斯的名字和《共产党宣言》的片段文字传入中国算起，迄今已有120年时间，而且经典著作的翻译传播今天仍然在进行中。但为了工作方便，我们这里主要收集整理1949年以前的经典文献。原因是中华人民共和国成立后的经典著作翻译成果比较系统、完整，又使用比较标准的现代汉语，翻译术语也比较一致，在可见的时间内不需要进行深入的考证说明，同时我们人力有限，也无力做如此浩大的经典文献整理研究工作，只好留待后人去做。再则，这里所列入的主要是比较完整的经典著作文本，不包括片段译文文本，因为这些片段译文太过繁多复杂，我们也无力进行全面的整理研究。当然，个别十分重要的片段译文，也会在考据说明中论及，有的还会附上原文或部分原文。但总体说来，片段译文整理研究工作，也只能留待后人去作分门别类的整理研究了。

第二，这里所说的马克思主义经典文献“传播”，主要是指上述经典文本的翻译、出版，有时也会涉及学习、运用这些著作及其社会影响的情况。这些经典文献在我国的片段翻译传播从清末就开始了。其中，中国资产阶级改良派、革命派等都做过一些工作，但那时人们只是把马克思主义作为西方学术思潮之一来介绍，并没有自觉地把它当作指导中国社会发展的思想来研究运用。真正自觉把马克思主义作为指导中国革命的思想是十月革命之后的事。毛泽东曾经说过：“十月革命一声炮响，给我们送来了马克思列宁主义。”[①]正是从这个意义上说的，是完全正确的。也正是在这个意义上说，李大钊是马克思主义中国化的第一人。在李大钊的引领下，五四新文化运动期间，马克思主义经典文献在中国的翻译传播形成了高潮。在这一时代大潮的推动下，1920年8月，陈望道翻译的《共产党宣言》完整中文译本在上海出版，这是我国历史上第一本完整的中文版马克思主义经典著作，从此开始了大量翻译马克思主义经典著作的历程。特别是1921年中国共产党成立后，我们党更加自觉地有组织、有计划地翻译经典著作。在土地革命战争、抗日战争、解放战争期间，在十分困难的条件下，这一工作始终没有停止。特别是在延安时期，于1938年5月5日马克思诞辰纪念日，中共中央成立了“马列学院”，其主要任务之一就是翻译马列经典著作。以此为阵地，我们党所领导建立的马克思主义翻译和理论研究队伍做了大量工作，到1949年中华人民共和国成立前，主要的马克思主义经典著作中文文本基本上都出版了。同时，在国民党统治区和日伪军占领区，很多进步人士和出版机构特别是三联书店，为马克思主义经典著作的翻译出版作出了重要贡献。设在苏联的莫斯科外国文书籍出版局的中文部为翻译出版中文版马克思主义经典著作作出了特殊重要的贡献。我们这套丛书就是要系统地反映经典著作翻译传播的这一历史过程。同时，也适当反映学习、运用马克思主义理论的历史面貌。

第三，这里所说的马克思主义经典文献传播“通考”，主要是指对上述经典文本的考据性整理和研究。文献考据或考证研究是中国学者作

① 毛泽东：《论人民民主专政》，载《毛泽东选集》第四卷，人民出版社1991年版，第1471页。

学问的优秀传统，也是中国学术的一个显著特点。比如古代的经学研究，一定要作相关的文字学、训诂学、版本学、辨伪学、音韵学等的考证研究。没有这些考证工作，得出的结论就靠不住。我们力求继承这个传统，同时，借鉴现代文献学研究方法，来从事马克思主义经典文献传播研究。按照古今文献考据方法，我们将深入考证研究马克思主义经典著作等文献传入中国的各个方面、各个环节，包括文本考据、版本考据、术语考据、语义考据、语用考据、辨伪考据、人物事件考证等。(1) 文本考据是对经典著作文本的翻译以及文本内容进行考证研究。如对《共产党宣言》1949年前多个中文版本的翻译情况进行考证并进行各个文本内容的比较研究，考证前人对有关重要思想理解的变化。(2) 版本考据是对经典著作等文献的出版性质和版次的考证研究。如《共产党宣言》的某个中文译本是否一个独立译本、是第几次印刷等，都要考证清楚。(3) 术语考据主要是对经典著作中的重要概念、术语以及人名、地名的考证研究。如“社会主义”这个概念在历史上曾经有多种译法，这就需要考证清楚。(4) 语义考据是对概念含义变化的考证研究。如对“社会主义”的理解在历史上曾经多种多样，需要考证清楚。(5) 语用考据是对概念的运用和发展的考证研究。(6) 辨伪考据是对有关文献的真假进行考证研究。如有的文章不是马克思写的，而被误认为是马克思写的，后来收入了《马克思恩格斯全集》中文第一版中，这就需要澄清。(7) 人物事件考证是对翻译者、传播者以及相关事件等进行考证，以期弄清经典文献翻译出版的来龙去脉。进一步讲，每一类考据又有很多种具体研究工作。如文本考据，包括中外文的文本载体形式研究、文本内容类别研究、文本收集典藏研究、文本整理利用研究、经典作家手稿研究、翻译手稿比较研究、文本研究的历史发展概况研究等。一句话，要做到“辨章学术，考镜源流”。这样，我们的文献考证工作才能做扎实。

同时，还力求借鉴西方解释学的方法，对有关重要概念作更深入的考证研究。既要对某一概念作小语境的考证，即上下文考证，又要作大语境考证，即对当时人们普遍使用此类术语的情况以及当时的历史文化背景作考证研究。进行这些考据工作很有意义，但绝非易事，这就要求我们掌握马克思主义经典著作的翻译史、传播史以及当时整个社会的语言文字环境，还要掌握外文，能够进行外文和中文的比较研究、各个中文版本的比较研究以及相关版本的比较研究。只有这样，才能准确把握经典作家思想的含义，对有关文本、译者的工作等作出公正合理的评价。

在这里，“通考”工作的两个方面即文献整理与考证研究是不可分割的。一方面要把这些文本整理出来，另一方面要把这些文本以及相关的问题考证研究清楚。文献整理是前提和基础，没有前期的文献收集整理就不可能进行深入研究；但考证研究又能够反过来促进文献整理，帮助我们进一步弄清文献之间的关系以及发现新文献，比较完整地再现经典文献的历史风貌。

第四，“马克思主义经典文献传播通考”是一个跨学科、跨专业、综合性、基础性的概念。总体上说，它是马克思主义学科的范畴，但也是文献学、传播学、翻译学、语言学、历史学、文化学、思想史等学科的概念。所以，要深化考证研究工作，需要各个学科的学者共同努力。我们这里只能为各个学科的研究做一些基础性工作。

还需要说明的是，正如大家所知道的，对任何概念的界定都有其局限性，它只能大致说明事物的本质、内涵，而不可能囊括一切。“马克思主义经典文献传播通考”这个概念也是如此，因为它涉及问题、学科太多，不可能十分精确，故而只能作上述大致说明。对这项工作内涵的理解，大家还可以进一步探讨。我们的想法是，“行胜于言”，无论如何，先把这一工作开展起来，在以后的工作中再逐步完善。

二、马克思主义经典文献传播通考何以必要

开展马克思主义经典文献传播通考这项工作之所以必要，是因为事出有因，且势在必然。总体而言，这是中国改革开放40多年实践发展的必然，也是马克思主义理论界乃至整个社会思想文化界深入研究探讨一系列重大理论问题的逻辑必然。

“问题是时代的呼声。”20世纪80年代和90年代初，伴随着改革开放的推进，人们对以往所理解的马克思主义基本理论、基本观点等提出了不少质疑。特别是在“什么是马克思主义”“什么是社会主义”这些重大问题上，人们普遍感觉到过去没有弄清楚，需要重新加以理解。邓小平曾经说过：“不解放思想不行，甚至于包括什么叫社会主义这个问题也要解放思想。”①他后来又强调说：“什么叫社会主义，什么叫马克思主义？我们过去对这个问题的认识不是完全清醒的。”②于是，如何真正全面而准确地理解马克思主义、社会主义成为改革开放时代的大问题。围绕着这个重大时代课题展开了多方面讨论，形成了很多不同

---

①《邓小平文选》第二卷，人民出版社1994年版，第312页。

②《邓小平文选》第三卷，人民出版社1993年版，第63页。

观点。

为回答时代面临的课题，人们重新回到“经典文本”，力图把握马克思主义、科学社会主义最原初最本真的含义。这种情况反映到理论界，就提出了“回到马克思”的口号。由此很多学者发表了一系列文章、著作，讨论了各种解读马克思主义经典文本的方式，如“以马解马”即用马克思的话解读，“以恩解马”即以恩格斯的话解读，“以苏解马”即以苏联式马克思主义解读，“以中解马”即以中国化马克思主义解读，等等。这些讨论对人们从不同角度深化对马克思主义的认识发挥了积极作用，但是，问题依然没有被很好解决，因为对文本的理解各有不同，争论仍然不可避免。

随着探讨的深入，人们进一步追问起“文本翻译”问题。有人力图回到经典著作的外文文本即欧洲语言文本，认为中文版的“文本翻译”存在问题。例如，有人认为《共产党宣言》中的“消灭私有制”翻译错了，影响了对所有制改造的理解，这是我们在很长时期内追求“一大二公”社会主义所有制的根源所在，应当翻译为“扬弃私有制”，即对私有制既克服又保留。此种理解似乎可以为改革开放政策提供理论支撑，但也有对马克思主义经典著作的实用主义解读嫌疑，由此同样遭到了批评。

随着对经典文本翻译问题探讨的深入，“版本研究”被提上日程。人们发现在不同历史时期，翻译者对经典著作中重要术语的翻译是不同的，这表明中国人对马克思主义重要观点的理解是在不断变化、不断深入的。比如，在中华人民共和国成立之前，《共产党宣言》有6个完整而独立的中文译本，其中对“消灭私有制”的翻译均不完全相同。1920年陈望道译本是："所以共产党的理论，一言以蔽之，就是：废止私有财产。"1930年华岗译本是："所以共产党的理论可以用一句话来综结，就是：废止私有财产。"1938年成仿吾、徐冰译本是："在这个意义上，共产党人可以把自己的理论归纳在这一句话内：废除私有财产。"1943年8月博古译本是："在这个意义上，共产党人可以用一句话表示自己的理论：消灭私有财产。"1943年9月陈瘦石译本是："从这一意义上说，共产党的理论可用一句话概括：废除私产。"1949年莫斯科译本是："从这个意义上说，共产党人可以把自己的理论概括为一句话：消灭私有制。"可见，关于"消灭私有制"这一重要语句的译法有一个越来越准确的过程。原来译为"废止私有财产"等，只看到了这一观点的表象，只有译为"消灭私有制"才能抓住实质，即从经济制度上解决资本主义国家的社会问题。陈瘦石（当时生活在国民党统治下的知识分子）译为"废除私产"，很不准确，甚至有曲解，因为共产党人要废除的是私有财产制度，而不是简单废除包括私人生活资料在内的私产。由于人们在不同时期、不同社会条件下对《共产党宣言》理解不同，这就需要深入研究这部书的各个版本，并在此基础上进行历史性的文本比较研究。

经典著作"版本研究"深化的一个重要标志应当说是对《共产党宣言》版本的全面考证研究。1998年是《共产党宣言》发表150周年。为纪念这部不朽经典，也为更好理解马克思主义的本质要义，中央编译局和中央电视台联合制作了大型电视文献纪录片《共产党宣言》，笔者作为本片的主要撰稿人，和老专家胡永钦研究员一起对《共产党宣言》的中文版本第一次作了比较全面的梳理，发现这部书总共有12个独立而完整的中文译本，中华人民共和国成立前后分别有6个译本。[①]后来中国人民大学的高放教授又作了进一步研究，认为连同中国香港、台湾等地中文译本，《共产党宣言》共有23个中译本。[②]此后，学术界研究《德意志意识形态》《资本论》等经典著作版本的成果也越来越多。通过版本比较研究，人们对经典作家思想的理解越来越深。

对经典文本、翻译、版本研究的深入，又促使马克思主义"传播史"研究兴盛起来。人们发现，只孤立研究某一经典著作的文本、翻译、版本还不够，要深入把握中国人对马克思主义基本观点理解的变化，还需要研究马克思主义在中国传播的完整历史，包括马克思恩格斯列宁名字的翻译、经典著作的片段翻译、经典文本的完整翻译以及出版传播等。比如，关于马克思的名字翻译在历史上就有十几种，包括"马克司""马尔克斯""马陆科斯""马尔格士""麦喀氏""马儿克""马尔克""马克斯"等。通过研究传播史，才能把各个历史阶段的各种经典著作文本的关系弄清楚，通过对其中话语体系主要是概念体系的研究，从整体上弄清中国人100多年来对马克思主义、社会主义的重要概念、主要思想观点的理解。比如"社会主义"一词，在1899年2月发表的《大同学》一文中被译为"安民新学"，这是按照中国传统儒家思想对社会主义的理解；后来借用日文翻译术语，学术界广泛认同并接受了"社会主义"一词的译法，但对它的理解仍然很不相同。比如，孙中山理解

① 杨金海、胡永钦：《〈共产党宣言〉在中国的翻译、出版和传播》，载《科学社会主义》1998年"纪念《共产党宣言》发表一百五十周年"特刊；又见杨金海：《〈共产党宣言〉与中华民族的百年命运》，载《光明日报》2008年7月3日。

② 高放：《〈共产党宣言〉有23种中译本》，载《光明日报》2008年10月16日。

的社会主义和后来共产党人理解的社会主义就很不相同。实际上，直到今天我们学术界乃至整个思想界对社会主义的理解还在深化。传播史研究就是要研究这种变化发展的历史，从中发现规律性的东西，澄清人们在一些重大理论问题上的模糊认识，特别是要避免重复劳动。因为有很多现在争论的问题在历史上曾经出现过，有的早已解决，但由于人们不了解历史，常常旧话重提，造成重复劳动甚至新的思想混乱。传播史研究可以有效弥补这方面的不足。

中央编译局的学者们在马克思主义传播史研究方面做了大量工作。从20世纪50年代开始，由于翻译马克思主义经典著作的需要，编译局前辈学者就在不断研究梳理前人的翻译成果，并开展了马克思主义传播史方面的初步研究和宣传普及工作。1954年，中央编译局举办了“马列主义在中国的传播”展览，之后编辑了《马克思列宁主义著作在中国的传播》一书；1957年，为纪念十月革命胜利40周年，又与北京图书馆（即现在国家图书馆前身）合作主办展览；1963年，中央编译局专家丁守和、殷叙彝出版了《从五四启蒙运动到马克思主义的传播》一书；1983年，为纪念马克思逝世100周年，举办了“马克思恩格斯著作在中国”展览，之后编辑整理并由人民出版社出版了《马克思恩格斯著作在中国的传播》一书；1998年，举办了“《共产党宣言》发表一百五十周年”展览，并与中央电视台合作创作了两集文献纪录片《共产党宣言》，笔者为主笔；2011年，为庆祝中国共产党成立90周年，建立了我国第一个“马克思主义传播史展览馆”，创作了8集文献纪录片《思想的历程》，并由中央编译出版社出版《思想的历程——马克思主义在中国的百年传播》一书，笔者为总撰稿；2018年，为纪念马克思诞辰200周年，在国家博物馆举办“真理的力量——纪念马克思诞辰200周年”主题展览。2018年，根据中央机构改革方案，中共中央编译局与中共中央党史研究室、中共中央文献研究室合并成立了中共中央党史和文献研究院，但中央编译局的牌子仍然保留，以便继续用该名出版马列著作，有关专家学者仍然奋斗在马克思主义传播史研究的前沿阵地。由笔者牵头、一批中青年学者参加承担的国家社科基金重点项目“马克思主义传播史研究”正在进行，其出版成果《马克思主义传播史（中国卷）》两卷本也即将推出。

我国各高校、科研机构以及有关学者在马克思主义传播史研究方面作出了重要贡献。1955年，苏联学者柯托夫的《马克思主义在俄国的传播》一书由于深翻译，在时代出版社出版；次年，苏联学者巴特里凯也夫的《俄国现代无产阶级的出现——马克思主义在俄国的传播》由孟世昌翻译，在上海人民出版社出版。受苏联专家的影响，中国学者也开始研究马克思主义传播问题。比如，北京大学的黄楠森教授等于20世纪50—60年代，就开始研究马克思主义哲学史，其中包括马克思主义传播史内容，70年代初编成油印本。改革开放后，他与施德福、宋一秀教授一起正式出版了三卷本的《马克思主义哲学史》；后来黄楠森又与庄福龄、林利一起主编了八卷本《马克思主义哲学史》，其中第四卷讲马克思主义哲学在俄国的传播与发展，第七卷讲马克思主义哲学在中国的传播和发展。北京大学的林代昭、潘国华于1983年编辑了《马克思主义在中国——从影响传入到传播》，作为“中国近代思想和文化史料集刊”出版。中国人民大学的林茂生于1984年出版了《马克思主义在中国的传播》一书。中国社会科学院近代史研究所的唐宝林于1997年出版了《马克思主义在中国100年》，后来又再版，影响很大。此外，还有其他学者发表了若干关于马克思主义传播史的著作和文章。如姜义华在1983年《近代史研究》第1期发表《马克思主义在中国的初期传播与近代中国的启蒙运动》一文；高军在1986年完成《五四运动前马克思主义在中国的介绍与传播》一书，由湖南人民出版社出版；王炯华于1988年出版《李达与马克思主义哲学在中国》；桂遵义于1992年出版《马克思主义史学在中国》等。

进入21世纪后，我国学者在马克思主义传播史方面的研究成果更多，视野更广阔，特别是深化了分门别类的研究。一是加强早期传播的研究。如王东等于2009年出版《马列著作在中国出版简史》；田子渝等于2012年出版《马克思主义在中国初期传播史（1918—1922）》；方红于2016年出版《马克思主义在中国的早期翻译与传播》等。二是加强分支学科传播史的研究，包括马克思主义哲学、经济学、法学、新闻学、文艺理论、党建理论、宗教理论等传播史研究。如谈敏于2008年出版《回溯历史——马克思主义经济学在中国的传播前史》；庄福龄于2015年出版《中国马克思主义哲学传播史论》；胡为雄于2015年出版《马克思主义哲学在中国传播与发展的百年历史》；文正邦于2014年出版《马克思主义法哲学在中国》；张小军于2016年出版《马克思主义法学理论在中国的传播与发展（1919—1966）》；丁国旗于2017年出版《马克思主义文艺理论在中国》等。三是加强地方传播史研究。如淮北市委党史研究室于2004年出版《中国共产党淮北地方史》第一卷，专门用一节讲述了“马克思主义在淮北的传播”；闫化川于2017年出版《马克思主义是怎样生根中国的——马克思主义在山东早期传播研究》；2017年，黄进华出版《马克思主义在哈尔滨传播的历史经验和现实启示》。四是加强对马克思主义翻译家和理论家的研究。如叶庆科于2006年出版《杨匏安：我国传播马克思主义的先驱》；郭刚于2010年出版《中国早期马克思主义的传播——梁启超与西学东渐》；笔者主编的《姜椿芳文集》《张仲实文集》分别于2011年、2015年问世，其中包括对姜椿芳、张仲实两位马克思主义翻译大家所作贡献的研究介绍；西南财经大学经济学院和马克思主义经济学研究院编《陈豹隐全集》于2013年之后陆续出版；湖南常德市赵必振研究会对我国马克思主义传播的早期学者赵必振的文献进行整理编纂，于2018年出版《赵必振文集》。五是加强对经典文本解读史、概念史的研究。如王刚于2011年出版《马克思主义中国化的起源语境研究——20世纪30年代前马克思主义在中国的传播及中国化》；尹德树于2013年出版《文化视域下马克思主义在中国的早期传播与发展》。近几年来，一些学者还发表了一系列关于马克思主义概念史的文章，深化了传播史研究。

随着马克思主义传播史研究的深化，系统性的马克思主义"文献编纂"乃至"马藏编纂"工作被提上日程。人们越来越发现，要完整把握马克思主义精髓，特别是要完整把握100多年来中国人对马克思主义理解的情况，需要系统整理马克思主义经典文献。在经典文献典藏方面，中央编译局做了较多工作。由于工作需要，这里的专家学者收集整理了国内最丰富、最齐全的马克思主义经典文献，其中包括中华人民共和国成立后所有中文版的马克思主义经典文献，以及各种外文版的马克思主义经典文献，也包括中华人民共和国成立前的不少经典著作文本文献。国家图书馆、上海图书馆等也拥有丰富的马克思主义经典文献典藏。但即使如此，也不能够满足马克思主义经典文本、版本以及传播史研究的需要，因为这些文献典藏总的来说具有零散性，特别是早期文献，分散珍藏在不同图书馆和有关机构的资料室，人们使用起来很不方便。为此，近些年来不少学者把文献考据研究与文献编纂工作紧密结合起来，推出不少成果。如吕延勤主编《马克思主义在中国早期传播史料长编（1917—1927）》（上、中、下卷），2016年由长江出版社出版；田子渝主编《马克思主义在中国早期传播著作选集（1920—1927）》三卷本，于2018年由湖北人民出版社出版。这些经典文献整理出版大大方便了马克思主义传播的考据研究。但目前的文献整理出版工作仍然有局限性，十月革命之前和大革命之后的经典文献整理出版较少。

于是，学者们提出应当编纂“马藏”。大家知道，中国历史上各个主要学派都有自己的典藏体系，儒家有“儒藏”，佛家有“佛藏”，道家有“道藏”。马克思主义作为在近现代中国影响最大的思想体系，也应当而且能够建立自己的典藏体系。顾海良教授是这方面的领军人物，他领导的北京大学《马藏》编纂工程于2015年3月启动，已经取得初步成果，于2017年5月4日发布出版第一批书共5卷，370万字。他认为，《马藏》编纂工作的任务是“把与马克思主义发展有关的文献集大成地编纂荟萃为一体”，这是很正确的。但这项工作太复杂庞大，需要众多学者一起来做才有可能最终完成。

最近几年，笔者根据中央编译局马克思主义文献典藏情况，围绕“马藏”体系建立也提出了一些想法。笔者认为，“马藏”体系应当包括三个层次：一是核心层，即马克思、恩格斯、列宁等经典作家的手稿以及最初发表的文献；二是基本层，即《马克思恩格斯全集》历史考证版即原文版（亦称MEGA版）、《列宁全集》俄文版等经典著作的外文版本，《马克思恩格斯全集》中文第一、二版，《列宁全集》中文第一、二版，中国化马克思主义经典著作；三是外围层，包括经典著作各种版本的选集、文集、专题读本、单行本，以及研究马克思主义经典的代表性著作。这些经典文献有上千卷，可以与中国历史上任何典藏系列（如儒藏、道藏、佛藏）相媲美。[①]顺便说一句，“马藏”体系的建立将意味着中国现代文化典藏基础的确立，它和中国传统文化典藏一起构成中华文化的典藏体系，其意义远远超出了马克思主义经典著作文本和传播史研究本身。根据这个想法，我们不同单位或部门的学者应当根据自己的工作实际开展工作。“马藏”体系的核心层、基本层实际上一直是由中央编译局在做的，也比较完善了。我们今天最需要做的就是“补短板”，即把外围层中的各种零散的历史性的经典文本文献收集整理起来，供大家作历史性研究之用。这些历史性的经典文献也很多，所以应当首先把中华人民共和国成立前比较完整的经典著作文本整理出来，以供马克思主义经典文本、版本、传播史考据等研究之用。

于是，我们的“马克思主义经典文献传播通考”丛书也就应运而生了。可见，开展这项工作，不是我们一时激动的产物，而是我国学术界马克思主义理论研究逐步深化的逻辑必然，做好这项工作也是当务之急。这项工作做好了，不仅有助于马克思主义经典著作翻译和文本、版本、传播史的研究，也能够为建立完整的“马藏”体系提供历史上的各种基础文本，还有助于整个中国现代思想文化的研究和建设。

---

① 杨金海：《马克思主义发展史学科群建设之思——马克思主义传播史研究视角》，载《北京行政学院学报》2018年第1期。

三、马克思主义经典文献传播通考何以可能

今天进行马克思主义经典文献传播通考是否可行？回答是肯定的。如果放在20年前，做这项工作几乎是不可能的。因为那时大家还没有对马克思主义理论进行深入的文本、版本、传播史、概念史、解读史等考据研究的概念，更没有建立“马藏”的想法，所以，也就不可能有此思想动力。这是从主观上讲的。从客观上看也是如此。当时的研究还很不够，也还没有今天这样发达的信息技术，所以要弄清中华人民共和国成立前究竟有多少经典著作文本已经翻译出来、藏在何处，是很困难的，就更不用说把各种经典著作的不同文本收集起来并整理出版了。

经过长期的积累，特别是近几十年的经典著作研究，今天我们已经具备了进行马克思主义经典文献传播通考的基本条件。

一是越来越多的人意识到经典文献考据研究的重要性，不仅把马克思主义作为意识形态来研究，而且进一步把马克思主义作为科学的学术体系乃至“新国学”之重要内容来研究。长期以来，在我国有一种不正确的认识，就是认为马克思主义是一种意识形态，没有学术性，甚至不是学问。实际上，意识形态也有科学与非科学之分。马克思主义是一种科学的意识形态，由此决定了它具有科学性，完全可以作为学术来研究。之所以有人认为它不具有学术性，一方面，是因为这些人不懂马克思主义；另一方面，是因为我们马克思主义学界在学术、文化层面研究马克思主义不够，有分量的学术成果不多。要克服这一缺陷，就要努力借鉴其他学科的研究方法，包括借鉴我国传统的学术文化研究方法，拿

出可以与其他学科相媲美的学术成果来。例如建立“马藏”体系就是很好的学术性工作。2014年在成中英先生八十大寿庆祝会上，笔者尝试性地提出“新国学”概念。所谓“新国学”，就是包括马克思主义学说在内的中华学术体系，是当代整个中华文化的基础。我们以往所说的“国学”实际上是“老国学”，即以儒、释、道为主的中国传统学术体系，今天这样讲还说得过去，但实际上已经不准确了，再过若干年就更不科学了，因为我们今天还有马克思主义学说。毫无疑问，自五四新文化运动以来，马克思主义在我国已经逐步成为中华学术体系的重要组成部分，可以与传统的儒、释、道等相媲美，因此不能把它排斥在国学之外。类似情况，在历史上是有过先例的。大家知道，佛学是西汉时传入中国的，是外来文化，但2000年后的今天，谁还能说它不是中国文化之一部分呢？马克思主义也是这样，况且它比佛学的作用要大得多，它传入中国才100多年，就深刻改变了中华民族的命运，也深刻改变了中国传统文化，已经成为当今中华文化的重要组成部分乃至核心部分。随着时间的推移，将来我们的国学体系一定会把“马学”加进来，形成“儒、释、道、马”并驾齐驱、以“马”为魂的繁荣发展局面。当然，“马学”作为“新国学”的重要组成部分并为人们所接受，还需要努力构建自己的学术体系。比如要借鉴中国传统学术文化研究的方法，像整理编纂《四库全书》那样，把马克思主义“经”“史”“子”“集”等都整理出来，形成蔚为壮观的经典体系、学术体系，供后人研究之用。此外，我们对马克思主义的各种研究也要具有深厚的学理性。这样，“马学”作为科学的学术体系才能够完善起来。“知难行易”，应当说经过这些年学界同仁的共同努力，已经有越来越多的人意识到马克思主义经典文本整理和考据工作的重要性。这就为顺利推进这项工作奠定了思想基础。

二是这些年有关马克思主义经典文本整理研究的成果越来越多，使得我们基本知道了有哪些经典文本、版本及其传播、珍藏等情况。特别是近几年来，这些研究成果每年都在成倍地增长。很多深藏密室的历史文献被挖掘出来，包括一些经典文本、马克思主义经典著作翻译家、出版家、教育家以及取经潮、取经路线、传播方式等，成为学界研究的热点。与之相伴随，马克思主义经典著作原文版、手稿的收集整理和深度研究成果也越来越多。中央编译局的学者在这方面的成果较多。笔者在经典文献研究方面也做了一些工作，如与冯雷共同主编了37卷“马克思主义研究资料”丛书；与李惠斌主编了40卷“马克思主义经典著作研究读本”丛书。王学东主编了64卷“国际共产主义运动历史文献”丛书。这三套丛书均由中央编译出版社出版。清华大学艾四林主编了20卷“马克思主义经典著作导读”丛书。北京大学聂锦芳主编了12卷“重读马克思——文本及其思想”丛书。其他单位学者在这方面的成果也越来越多。这些经典文献的收集整理和相关大型丛书的编辑出版，以及学术界同仁的大量相关研究成果的发表，为我们推进马克思主义经典文献考据工作提供了丰富资料。

三是马克思主义经典文本考据研究队伍日益壮大，经验日益丰富，方法不断更新。不仅马克思主义理论界很多学者在从事这方面工作，而且其他各界学者也参与进来，包括翻译界、历史学界、民族学界、宗教学界、文学艺术界等方面的学者近些年来都在积极挖掘整理、考据马克思主义的有关历史文献，使得马克思主义经典文本考据研究逐渐成为

"显学"。自2004年中央马克思主义理论研究和建设工程实施以来，培养了一支老、中、青结合的马克思主义学术队伍。各个大学马克思主义学院相继建立，各级社会科学院的马克思主义研究机构日益建立和完善，党和政府、军队研究机构里马克思主义理论研究队伍不断扩大，社会思想文化界对马克思主义理论的研究、宣传和普及工作在加强，这些都大大加速了马克思主义学术队伍培养和学科建设的步伐。特别是近年来，一批优秀的中青年马克思主义学者茁壮成长。他们思维敏捷，年富力强，外语水平很高，知识结构新颖，研究方法现代，不仅能够借鉴中国传统的考据方法，也能够借鉴西方解释学方法等进行研究，越来越具备了中外比较研究、历史比较研究的能力，由此，成为经典文本考据研究的中坚力量。

四是当今发达的信息技术为我们查找、收集、研究经典文本文献提供了快捷便利的条件。进行深入的经典文献考证，需要掌握大量国内外文献资料。比如要用到马克思手稿，而原始手稿的大约三分之二珍藏在荷兰皇家科学院国际社会历史研究所档案馆，三分之一珍藏在俄罗斯国家社会政治史档案馆；要考证经典文本的翻译，还会用到日文版经典著作文本，而这些大多珍藏在日本，个别文本分散珍藏在我国各地的图书馆。要大量使用这些资料在过去几乎是不可能的，但是在今天，通过网络信息技术，就可以比较好地解决这些问题。再者，随着我国现代化事业的推进，我们的经济实力越来越强，在马克思主义经典文本研究方面的投入越来越多。这些物质力量的增强为我们开展这样大规模的整理编纂工作提供了保障。

总体而言，经过马克思主义学界同仁的长期努力，中国已经成为当今世界最大的马克思主义经典著作翻译和研究国家。特别是近些年来，我国学者关于经典文本考据研究的理念越来越新、成果越来越多、队伍越来越强、保障条件越来越好。随着马克思主义学院的建立，马克思主义理论教学和科研工作越来越受到重视，学科体系建设越来越完善，我们的研究成果也越来越有用武之地。这些都为我们深入开展大规模的经典文献整理和研究提供了现实可能性。

四、“马克思主义经典文献传播通考”丛书编写的思路和原则

马克思主义经典著作是学习和研究马克思主义理论的基础文本，历来为人们所重视。在我国马克思主义传播史上，曾经翻译出版过很多种经典著作的中文本。比如，《共产党宣言》总共有至少12个完整的中文译本；《资本论》在1949年以前也有好几个中文译本。这样说来，光是1949年以前翻译出版的经典著作文本或专题文献文本就有上百种。这些不同的中文译本反映了中国人在不同历史时期对马克思主义经典著作理解的不同水平。

编辑这套丛书的直接目的，是要把1949年以前的主要经典著作文本原汁原味地编辑整理出来，并作适当的考证说明，供大家作深入的历史比较研究、国际比较研究之用；从更长远的目的看，是要为建构完整的中国马克思主义典藏体系、学术体系、话语体系乃至为建构现代中华文化体系做一些基础性工作；最终目的，则是要通过历史比较，总结经验，澄清是非，廓清思想，统一认识，破除对马克思主义错误的或教条

式的理解，全面而准确地把握马克思主义理论精髓，弘扬马克思主义精神，继承马克思主义理论，在此基础上深化对中国化马克思主义的理解和研究，为推进当代中国马克思主义、21世纪马克思主义，确保科学社会主义伟大事业长久发展提供科学的理论支撑。

本丛书体现如下特点，这也是丛书编写工作所力求遵循的原则：第一，体现历史性和系统性。本丛书主要收集1949年以前的经典著作中文译本，对1949年以后个别学者的译本也适当收入。中华人民共和国成立后由中央编译局翻译出版的经典著作，由于各大图书馆都可以查到，且各种译本变化不大，故不在收录范围。对所收集的历史文献力求系统、完整，尽可能收集齐全1949年以前经典著作的各种译本，按照历史顺序进行编排。对同一译本的不同版本，尽可能收集比较早且完整的版本。对特别重要的片段译文作为附录收入。第二，突出文献性和考证性。力求原汁原味地反映各种经典著作的历史风貌。为此，采取影印形式，将经典著作的文本完整地呈现给读者。同时，要对文本的情况进行适当的考证研究，包括对原著者、译者、该译本依据的原文本、译本翻译出版和传播的情况及其影响等作出科学说明。这些考证研究要有充分的史料根据，经得起历史检验。要力求充分反映国内外有关研究成果，特别是要充分反映我国改革开放以来在经典著作文本、版本研究方面所发现的新文献、取得的新成果。第三，力求权威性和准确性。一方面，所收集的经典著作文本力求具有权威性和准确性。力求收集在当时具有权威性的机构出版的、质量最高的经典译本，避免采用后人翻印的、文字错误较多的文本。另一方面，考证分析所依据的其他文献资料，也力求具有权威性和准确性。要选择国内外在该研究领域最具权威性的专家学者的最具代表性的观点和最有影响力的文章。再者，对文本有关问题的阐述，比如，对人名、地名、术语变化的说明，或对错字、漏字等印刷错误的说明等，要具有权威性和准确性。第四，力求做到史论结合、论从史出。本丛书的主要任务是对经典文本以及相关问题进行历史性的考证梳理，但考证不是目的，而是手段，根本目的还是要深化对马克思主义基本理论和基本观点的全面的、准确的理解，并最终用以指导实践。所以，在考证研究的同时，要始终牢记最终目标，以便从历史文献的分析研究中得出令人信服的科学结论。所以，在每一经典文本的考证说明中，都既要说明经典文本文献的来龙去脉以及考证梳理的情况，又要从中得出若干具有启发性的结论，以帮助读者正确认识经典著作中的有关重要思想，特别是要在统一认识、消除无谓争论上下功夫。这样，该丛书就不仅能够为读者提供原始的经典著作文本文献，还能够为读者进一步研究这些文本提供尽可能丰富的、具有权威性和准确性的相关文献资料，并提供尽可能中肯的观点和方法，从而能够使丛书成为马克思主义典藏的重要组成部分而流芳后世。

基于上述考虑，本丛书采取大致统一的编写框架。除导言外，各个读本均由四个部分组成。一是原著考证部分，其中包括对原著的作者、写作、文本主要内容、文本的出版与传播情况的考证性介绍；二是译本考证部分，包括对译本的译者、翻译过程、译本主要特点、译本的出版和传播情况的考证梳理；三是译文考订部分，包括对译文的质量进行总体评价，对有关重要术语进行比较说明，对错误译文、错误术语或错误印刷进行查考、辨析和校正性说明；四是原译文影印部分，主要收入完整的原著译本，同时作为附录适当收入前人关于该书的片段译文。

通过这样的考证研究，力求凸显这套丛书的编辑思路，即对经典著作的文本、版本有一个建立在考据研究基础上的总体性认识。每一本书都要能够回答这样一些问题：如这本书是什么，它在马克思主义发展史上的地位如何，它在世界上的传播情况怎样，它是什么时候传播到中国的；该中文本的译者是谁，译本的版本、传播、影响、收藏情况怎样；该译本中的重要概念是如何演化的，中国人对这些概念的理解过程怎样，对我们今天的理论研究和实践探索特别是对解决今天有关重大理论问题的争论有何启示，等等。这些问题回答好了，就能够帮助读者更深入地理解经典著作中的思想观点，并能够从文本的历史比较、国际比较中把握中国化马克思主义发展的思想历程，从而为进一步深化马克思主义理论研究提供深厚的思想资源和学理支撑。

“日月光华，旦复旦兮。”我们是怀着一种迎接中华民族伟大复兴的历史使命感、对马克思主义学术文化的深深敬畏之情来做这项工作的。一是敬畏经典。近百年来，为振兴中华民族，为推进中国思想文化的现代化，无数志士仁人历经千辛万苦把马克思主义真经取回来，并通过翻译研究形成了汗牛充栋的马克思主义经典文献，由此奠定了中国现代文化的典藏基础，为实现中华文化从传统形态向现代形态转化作出了巨大贡献。我们面前的这些文献，正是在马克思主义传播过程中形成的“马藏”中的重要经典文本。拂去历史尘埃，整理、考证和再现这些经典文献的历史原貌，发掘其中的深厚文化意蕴，敬畏之心油然而生。能够通过我们的工作使这些闪耀着历史光芒的典籍和伟大思想更好地传承下去，为中国现代文化体系的建设打下坚实的典藏基础，正是本丛书作者和编者的共同期愿所在。二是敬畏先驱。近百年来，一代又一代翻译家和理论家薪火相传，把马克思主义经典引进中国，特别是在民主革命时期，很多翻译工作是在十分困难和危险的条件下进行的，有不少先辈为此贡献了一生乃至宝贵生命。他们的事迹可歌可泣，他们的艰辛堪比大唐圣僧玄奘西天取经，他们的历史功绩和伟大精神将在历史的天空熠熠生辉！能够通过我们的这项工作，让一代代后人记住这些历史人物和历史故事并将先辈们的宝贵精神传承下去，我们将备感荣幸。三是敬畏责任。面对百年来形成的浩如烟海的马克思主义经典文献需要研究整理，面对百年来一批批可敬可爱的译介者需要研究介绍，面对百年来马克思主义中国化的伟大历程需要梳理继承，我们需要做的工作太多太多。由此，不论是作者还是编者，都不能不对自己所从事的这项工作产生出由衷的敬畏之情。唯有通过努力，精心整理好这些文献，为最终形成完整的中国特色马克思主义典藏体系作一点贡献，为马克思主义学说在中国乃至世界千秋万代薪火相传做一点铺路工作，才能告慰马克思主义经典作家，告慰这些理论先驱和翻译巨匠们！

2018年是马克思诞辰200周年，《共产党宣言》发表170周年；2019年是中国先进分子自觉选择马克思主义作为观察中国和世界命运之思想武器100周年；2020年是《共产党宣言》第一个完整的中文译本问世100周年；2021年是中国共产党成立100周年，这一个个光辉的历史节点展现出马克思主义在中国发展的强大生命力。在这个新时代的新时期，陆续出版大型丛书“马克思主义经典文献传播通考”，对推进马克思主义理论研究和建设工作，有着特殊重要的意义。

需要说明的是，对于经典文本的研究，往往会有仁者见仁、智者见智的情况。所以，尽管我们在组织编写工作中努力体现上述编写思路、原则和精神，书中的观点也不一定都很成熟，不可能与每一位读者的观点完全一致。加之每位作者研究角度不同，水平各异，每一本书的结构、篇章、内容、观点都不尽相同，其权威性也不尽一致，其中很可能有疏漏和错误之处，谨请读者批评指正。

该丛书在设计、编写和出版过程中，得到了各方面的大力支持。清华大学马克思主义学院将这项工作列入重要议事日程，作为该院马克思主义传播史研究中心重大项目，艾四林院长以及各位同事对此项工作给予大力支持。中共中央党史和文献研究院（中央编译局）十分重视对马克思主义传播史的研究，对此项研究给予各个方面的支持。国家出版基金将该丛书列入资助项目，辽宁省委宣传部将此项目列入文化精品扶持项目。辽宁出版集团和辽宁人民出版社在丛书的选题策划和编辑出版中做了大量工作。在编写过程中，中共中央党史和文献研究院（中央编译局）信息资料馆、国家图书馆、上海图书馆、清华大学图书馆、北京大学图书馆、国家博物馆等单位给予鼎力支持。本丛书中汲取了我国学者大量的研究成果。该项目顾问、我国马克思主义理论界德高望重的陈先达教授、赵家祥教授等专家对丛书的编写工作给予热情指导，编委会成员和各位作者为丛书的编写付出了辛勤劳动。

谨在此一并致以衷心的谢意！

杨金海

2019年5月5日于清华大学善斋

目录

CONTENTS

导言

《哥达纲领批判》是科学社会主义的重要文献，是马克思批判拉萨尔机会主义的一部伟大著作，是继《共产党宣言》之后国际共产主义运动又一部纲领性文献。在这部著作中，马克思运用辩证唯物主义和历史唯物主义世界观和方法论，按照顺序逐条对《哥达纲领》草案中拉萨尔主义所谓的理论、纲领和策略进行了全面的揭露和彻底的批判，深刻阐明了无产阶级革命和无产阶级专政的理论，第一次提出了从资本主义到共产主义过渡时期的原理，科学地论证了共产主义社会发展的两个阶段的学说，划清了科学社会主义同包括拉萨尔机会主义在内的形形色色"假社会主义"的界限。马克思在这部著作中所阐明的科学理论，为无产阶级的解放斗争指明了方向，也为我们反对机会主义提供了强大的思想武器。

《哥达纲领批判》一经发表，在德国国内外引起了巨大的反响。在马克思主义者看来，一般地说，一个政党的正式纲领，没有它的实际行动那样重要。"一步实际运动比一打纲领更重要。"[①]然而，恩格斯强调指出："对于工人阶级政党来说，一个新的纲领是一面公开树立起来的旗帜，外界就是根据它来判断这个党的，因此必须清除纲领草案中的拉萨尔主义。"[②]就《哥达纲领》而言，它根本就不是一个无产阶级的革命的纲领。因此，"在这个连文字也写得干瘪无力的纲领中差不多每一个

① 《马克思恩格斯文集》第三卷，人民出版社2009年版，第426页。

② 《马克思恩格斯文集》第三卷，人民出版社2009年版，第674—675页。

字都应当加以批判”[①]。《哥达纲领》通篇都是些令人毛骨悚然的谬论，它的要害在于完全背弃了马克思主义关于社会矛盾、阶级、阶级斗争、无产阶级革命和无产阶级专政的学说。《哥达纲领批判》作为马克思主义理论史上一部经典著作，无疑对国际共产主义运动和世界社会主义史产生过重大作用。20世纪初，这一著作开始在中国逐渐传播，是早期中国共产主义者和早期共产党人理解马克思主义、社会主义的重要文献。

1917年的俄国十月社会主义革命和1919年的五四运动，以及经过中国革命的长期历史实践证明，只有马克思主义才能救中国。到了20世纪20年代，中国革命同样面临着十分艰难的道路选择，《哥达纲领批判》正是在这样的历史背景下传入中国，继而对中国革命产生了深远的影响。《哥达纲领批判》从清末民初在中国零星介绍、传播以来，到20世纪20年代达到了翻译的鼎盛时期。《哥达纲领批判》在中国的翻译和传播也就是马克思主义理论不断中国化、时代化、大众化的过程。“五四”时期、中国共产党成立前后，李大钊、林云陔、蔡和森、陈独秀、施存统、吕一鸣等先进知识分子、革命家在国内对《哥达纲领批判》进行了摘译、零星介绍传播。从1921年建党以后，曾一度出现了译介《哥达纲领批判》全译本的热潮。主要有熊得山、李达、彭学霈、柯柏年、李一氓、何思敬、徐冰等人全译《哥达纲领批判》。之后在中国革命的关键时刻，《哥达纲领批判》对中国革命起到了不可替代的突出的指导作用。新中国成立以后，中国社会主义革命和建设时期，更是不断地从

① 《马克思恩格斯文集》第三卷，人民出版社2009年版，第415页。

中汲取理论营养。《哥达纲领批判》极大地推动了中国革命、建设与改革开放的理论发展与实践创新。在社会众多译本中，著名翻译家柯柏年（李春蕃）译本是影响力最为突出的译本之一。1925年8月，柯柏年借助几个译本赶译出《哥达纲领批判》，自费出版2000册并被抢购一空，尽管不断再版仍然供不应求。柯柏年译本是当时已出版的几个译本中最完整的译本，同时也是流传最广的译本。该译本正逢其时，大革命迫切需要革命理论指导，而此时出版的《哥达纲领批判》柯柏年译本无疑承担了这样的历史任务，它的及时翻译出版对于当时中国大革命浪潮的推进起到至关重要的作用。柯柏年译本在中国以第一个单行本的形式发行，有效地扩大了马克思主义在中国的传播，《哥达纲领批判》中有关马克思主义理论学说得到了更进一步的普及，并为新民主主义革命理论的最终形成奠定了理论基础。

《哥达纲领批判》原版考释

《哥达纲领批判》在马克思生前没有得到公开发表。《哥达纲领批判》一文，写于1875年4月底至5月初，而后马克思于1875年5月5日，将此文寄给了威廉·白拉克。《哥达纲领批判》是19世纪70年代马克思主义同拉萨尔主义斗争的产物。

1890年1月，恩格斯为了反击德国党内日见抬头的机会主义思潮，肃清拉萨尔主义的影响，帮助德国社会民主党制定正确的纲领，不顾党内某些领导人的反对而将这一著作发表。《哥达纲领批判》首次发表在1891年1月的《新时代》杂志第一卷第18期，当时作了某些删节，同时一并刊发了马克思给威廉·白拉克的信，恩格斯于1891年1月6日为此用德文写了序言。

一、写作及出版背景

1875年2月，德国工人运动的两派——爱森纳赫派和拉萨尔派的代表在德国哥达城举行预备会议，会议议题主要是讨论两派合并问题。会上起草了一个浸透了拉萨尔机会主义观点的纲领草案，即《哥达纲领》草案。《哥达纲领批判》就是为了批判这个纲领草案而写的。

（一）历史背景

19世纪30年代后期，德国资本主义经济已经有了一定程度的发展。经过几十年的发展，德国工业有了初步的规模，到了19世纪40年代，仅普鲁士就拥有近8万家的大小工场和工厂。雇佣工人的数量达到55万左右。德国资本主义的发展与工业革命的影响密不可分。在工业革命的影响下，德国大机器生产取代了传统的手工业作坊，大量的手工业者、农民、小生产者成为工人阶级的组成部分。在普鲁士的莱茵省，凭借靠近法国的地域优势和便利的水运交通条件，莱茵地区很快成为引人注目的地方。这里有丰富的煤铁矿资源，四通八达的水陆交通运输，大型的煤炭采掘，烟囱林立的工厂等，这些都为德国资本主义发展提供了便利的条件。

但是，德国资本主义起步较晚，加上封建腐朽制度束缚等诸多要素的影响，德国的经济水平与英法之间存在很大的差距。19世纪三四十年代，欧洲爆发了三大工人运动，无产阶级作为独立的政治力量登上了历史舞台。1848年前后的德国农村，封建土地所有制依然占统治地位，农奴制虽然已经取消，但是农奴并无人身自由。农民、佃农经常受到高利贷者、农业资本家的剥削，经常被贫困和饥饿所困扰。在城市，大批的手工业者、农民进入城市，后来成为早期工人阶级的组成部分。他们在极其恶劣的生产环境中从事生产，经常被无休止延长劳动时间，然而在生活上并没有得到任何改善，始终处于贫穷、落后之中。

1848年，法国二月革命的熊熊烈火引燃了德国的三月革命。德国资产阶级自由派通过召开议会、制定宪法、保障新闻自由等一系列的措施换取民众的支持。但好景不长，在满足了资产阶级自由派的政治利益之后，德国资产阶级就视革命者如仇敌，开始对各邦的革命者进行逮捕，对各种革命活动进行扼杀，全国笼罩在白色恐怖之中，最终德国三月革命宣告失败。

德国是一个后起的资本主义国家，封建制度的统治时间较长，政治上长期处于四分五裂的封建割据状态。经过1848年资产阶级民主革命的冲击，到19世纪五六十年代，德国资本主义飞速地发展起来。随着资本主义的发展，工人阶级队伍迅速壮大，工人运动日益高涨。德国的资产阶级一方面同容克地主阶级存在矛盾和斗争，另一方面更害怕正在发展壮大起来的工人阶级，因而甘愿屈服于容克地主的权力下来发展资本主义，很快就同以俾斯麦为代表的封建势力勾结起来，用各种方法削弱工人运动。社会上的阶级斗争反映到工人运动内部，使德国工人运动发生了分裂，其中产生了一个机会主义派别，即拉萨尔派。面临工人运动的威胁和挑战，德国统治阶级十分恐慌，极力试图从工人运动内部来腐蚀工人的革命意识，扭转工人运动的大方向。拉萨尔主义正是在德国特定的历史条件下复杂的阶级斗争的产物，是地主资产阶级对工人运动内部影响的体现。正因如此，拉萨尔派与德国统治阶级的政治联合形成了。

（二）拉萨尔主义

1848年2月，《共产党宣言》发表，标志着马克思主义诞生。此后，德国工人运动如同注入了一股新鲜的血液，工人阶级队伍不断壮大，各种团体先后成立。1863年5月，费迪南·拉萨尔成立了德国工人联合会。拉萨尔当上全德工人联合会主席后，大肆贩卖自己的机会主义货色，拉萨尔派成为德国工人运动中的右翼派系。

斐迪南·拉萨尔（1825—1864），出身于一个德国犹太富商家庭。

拉萨尔在少年时代被人称为“神童”，广泛阅读了歌德、席勒、卢梭等人的进步作品。1842年，拉萨尔考入布勒斯特大学哲学系，后又转入柏林大学。他深受黑格尔哲学的影响，在1848年革命中进行过一些宣传鼓动工作，并被捕入狱，在社会上具有一定的影响。1857年他发表了《爱菲斯的晦涩哲人赫拉克利特的哲学》一书，这是一部唯心主义著作，极力用黑格尔的唯心主义观点来解说赫拉克利特的哲学，极力鼓吹唯心主义和形而上学的思想，宣扬超阶级的国家观。1862年，在德国工人运动重新高涨的形势下，拉萨尔从学术研究中走出来，先后发表《工人纲领》等一系列有关工人运动方针策略的小册子。

拉萨尔在这篇演讲稿中极力歪曲《共产党宣言》的基本思想，宣扬一整套借助国家的帮助实现社会主义的荒谬理论。虽然他的著作和演讲在理论上是肤浅的和错误的，在实践上也是行不通的，但由于被冠以“革命”的词句，蒙骗了不少刚刚涌入工人运动的新工人，拉萨尔也由此获得了“老革命”“社会主义权威理论家”“工人阶级领袖”等头衔。1863年5月在全德工人联合会成立大会上被选为主席。他一当上主席就立即同俾斯麦秘密会谈，为俾斯麦的内外政策出谋划策，保证工人阶级支持“俾斯麦政府”。

拉萨尔很早就和马克思有过交往，一直自称是“马克思的学生”，但他根本不了解马克思主义。除了在宣传鼓动中搬用一些《共产党宣言》的词句外，他还经常贩卖自己的机会主义观点，这些观点归纳起来主要是：鼓吹铁的工资规律，掩盖资本主义剥削的实质；坚持唯心主义国家观，鼓吹通过国家帮助工人建立合作社来改善工人的生活，这是拉萨尔机会主义的中心点；鼓吹争取普选权，改变国家性质，使国家能够帮助工人建立生产合作社，通过议会斗争使普鲁士国家变成自由的人民国家；散布农民等非无产阶级劳动者是“反动的一帮”的谬论，反对无产阶级革命和无产阶级专政；宣扬狭隘的民族主义，反对无产阶级国际主义，等等。拉萨尔本人自称是马克思主义者，其实他从未真正接受过马克思主义。拉萨尔凭借其极具天赋和个人魅力的演讲，吸引着一些盲目的追随者。而后其追随者施韦泽、贝克尔等人继续推行机会主义路线，阻止第一国际在德国的活动。拉萨尔及其追随者的上述观点危害极大，严重地侵蚀着刚刚发展起来的德国工人运动。

为了消除拉萨尔主义的影响，促进德国和国际共产主义运动的健康发展，马克思和恩格斯同拉萨尔的错误观点和机会主义进行了将近半个世纪的激烈斗争。1863年拉萨尔担任全德工人联合会主席以后，为了防止拉萨尔主义的破坏性影响，他们曾支持以威廉·李卜克内西为首的反拉萨尔的力量。1864年，拉萨尔突然死亡，但他的影响并未消失，他的继承人施韦泽和哈森克莱维尔等人先后领导德国工人联合会，仍然坚持拉萨尔主义，执行一条没有拉萨尔的拉萨尔路线。

在马克思和恩格斯的支持下，德国工人运动中的健康力量日益壮大，1869年8月，奥古斯特·倍倍尔和威廉·李卜克内西在爱森纳赫城召开大会，正式成立了德国社会民主工党即爱森纳赫派，它是当时德国工人运动中的左翼力量，当时颁布了《爱森纳赫纲领》①。针对拉萨尔

① 对于《爱森纳赫纲领》，马克思和恩格斯认为，它基本上是革命的，符合国际工人协会共同章程的基本精神。当然，也有缺点甚至错误的地方，比如，纲领的第一部分说，“社会民主工党争取独立自由的人民国家”，恩格斯认为“自由的人民国家”这个用语在鼓动的意义上暂时有存在的理由，但归根结底是没有科学根据的；再如，纲领的第三部分的十点要求，都没有跳出资产阶级民主主义要求的范围。因此，总的来说《爱森纳赫纲领》还是一个革命的纲领。

主义的丑恶行径和巴枯宁主义的错误思想主张，马克思和爱森纳赫派对之进行了坚决的斗争和批判。在一系列重大问题上，爱森纳赫派都同拉萨尔派存在着原则分歧，特别是在对待德国统一、第一国际、普法战争和巴黎公社等问题上，两派之间存在着根本的对立和斗争。爱森纳赫派参照第一国际章程的原则制定了自己的党纲，坚持无产阶级国际主义原则，宣布参加第一国际，执行第一国际的指示。它不顾俾斯麦政府的残酷迫害，坚决反对普鲁士王朝侵略法国和镇压巴黎公社的罪恶活动，公开声明支持巴黎公社的革命事业。而拉萨尔派则拒不参加第一国际，坚持资产阶级民族主义，支持普鲁士王朝的侵略战争，无耻地向镇压巴黎公社的刽子手俾斯麦献媚，充分暴露了他们的叛徒面目。

爱森纳赫派发展很快，在工人中影响越来越大，而拉萨尔派由于其错误观点和机会主义主张日渐失去工人的信任和支持，日子很不好过。为了摆脱困境，拉萨尔派不得不放弃过去拒绝联合的宗派主义立场，主动要求与爱森纳赫派合并。就是在此背景下，关于两派合并的《哥达纲领》草案产生了。

（三）《哥达纲领》出台

《哥达纲领》是在巴黎公社起义后第四年出炉的。这时西欧工人运动进入一个新的时期，较之19世纪五六十年代，有着鲜明的特点："它带有'和平'性质而没有发生过革命。"[①]这时资本主义开始向帝国主义过渡，无产阶级和资产阶级的矛盾，已经成为社会的主要矛盾，无产阶

① 《列宁全集》第十八卷，人民出版社2007年版，第582页。

级已经成为一支强大而独立的政治力量登上社会舞台。但是，无产阶级的任务还不是要马上进行推翻资本主义的决战，主要是建立工人政党，接受马克思主义的理论指导，从政治、思想和组织上为未来的决战准备力量和创造条件。此时，由于第一国际的正确领导，各国工人阶级的政党和工人组织有了更快的发展，如英国、法国、比利时、西班牙、瑞士等国工人阶级都相继建立起自己的政党和组织；这时，各国工人的政党利用资产阶级议会制度，创办自己的日报，建立自己的教育机关、工会和合作社等斗争形式，开展革命活动；这时，马克思主义学说获得了伟大的胜利，并且广泛传播开来。

与此同时，随着工人运动的蓬勃发展，随着马克思主义的广泛传播，各国工人运动中的机会主义也蠢蠢欲动，他们以各种形式，通过各种渠道散布机会主义影响，同马克思主义对抗。当时，在欧洲存在两股机会主义思潮。一股是以“左”的形式出现的无政府主义，他们主张依靠“暴动”消灭国家，反对工人阶级首先组成为阶级，经过力量的积蓄，然后进行社会主义革命，夺取政权。以“左”的面目出现的机会主义，实际上是蒲鲁东主义、巴枯宁主义的沉渣泛起，各国工人阶级的政党对此已经有所警惕，因此，它们并没有什么市场。另一股是以右的形式出现的改良主义，他们完全误解了欧洲自巴黎公社起义后出现的阶级斗争新特点，把工人阶级积蓄力量、迎接新革命高潮的“和平”准备阶段，看成是阶级斗争的熄灭，以为反动的统治阶级已经放下屠刀，工人阶级可以用和平、改良的办法实现社会主义。而拉萨尔的机会主义就是其中最具代表性的右翼派别。

马克思和恩格斯一方面支持两派的合并，认为合并有利于加强工人阶级的团结，共同对敌，但同时他们又告诫爱森纳赫派，决不要在理论上对拉萨尔的机会主义观点做无原则的让步和妥协，必须要在坚持科学共产主义的革命原则基础上合并，不要为了追求一时的利益而忘掉工人阶级的根本利益，决不能“拿原则做交易”[①]，马克思指出自己有义务站出来申明这一点，“我的义务也不容许我哪怕用外交式的沉默来承认一个我认为极其糟糕的、会使党精神堕落的纲领”[②]，并且鲜明地指出拉萨尔派们之所以要与爱森纳赫派合并是有其目的的，“拉萨尔派的首领们靠拢我们，是因为他们为形势所迫”[③]。后来，恩格斯尖锐地指出：“既然这些先生们现在自己跑来表示和解，那他们一定是陷入极端困难的境地了。”[④]可是爱森纳赫派的领导人李卜克内西和倍倍尔等醉心于无原则的和解和合并，被团结的喧嚷弄昏了头脑，他们背着马克思和恩格斯同拉萨尔派头目哈塞尔曼一起，于1875年2月在哥达召开合并预备会议，拟定了一个充满拉萨尔机会主义内容的合并纲领草案《德国工人党纲领》，并于1875年3月7日分别在两派各自的机关报（爱森纳赫派的机关报《人民国家报》；拉萨尔派的机关报《新社会民主党人报》）上同时发表，并于同年5月22日到27日在德国哥达城召开的两派合并大会上正式通过，这就是所谓的《哥达纲领》。《哥达纲领》的出炉，不是偶然的，它折射着当时德国和欧洲的机会主义思潮。

在国际工人运动中，爱森纳赫派是最早建立起来的无产阶级政党。

① 《马克思恩格斯文集》第三卷，人民出版社2009年版，第426页。
② 《马克思恩格斯文集》第三卷，人民出版社2009年版，第426页。
③ 《马克思恩格斯文集》第三卷，人民出版社2009年版，第426页。
④ 《马克思恩格斯文集》第三卷，人民出版社2009年版，第410页。

在普法战争和巴黎公社之后，欧洲革命的中心已从法国转移到了德国，德国工人阶级肩负着比过去更加重大的责任。因此，它公布这样一个机会主义的纲领，把拉萨尔的机会主义路线强加给德国社会主义工人党，不能不使马克思和恩格斯感到极大的愤慨。很明显，《哥达纲领》是爱森纳赫派向拉萨尔派投降的直接产物，是德国社会民主工党内部的机会主义的自我暴露。为了捍卫马克思主义，为了防止这个浸透了拉萨尔机会主义观点的《哥达纲领》在国际工人运动中产生不良的影响，为了不使无政府主义者巴枯宁之流利用这个纲领在群众中糟蹋马克思主义，也为了帮助德国党的领导人划清马克思主义同机会主义的界限，马克思针对这个纲领草案于1875年4月底5月初抱病写下了具有划时代意义的《德国工人党纲领批注》，即《哥达纲领批判》。

《哥达纲领》发表后的实际遭遇比事前预料的要好些，无论资产阶级新闻界还是广大工人群众都从中领会了纲领中所不包含的正确内容，对纲领作了马克思主义的理解。在这种情况下，马克思的《哥达纲领批判》一直没有发表。15年后，德国工人运动形势发生了重大变化，党内右倾势力开始抬头。在1890年的哈雷代表大会上，全会决定用新的党纲代替旧的党纲，于是对《哥达纲领》的评价问题被提到议事日程上。恩格斯感到，这时有必要发表马克思的《哥达纲领批判》。恩格斯强调："如果我还不发表这个与这次讨论有关的重要的——也许是最重要的——文件，那我就要犯隐匿罪了。"[①]恩格斯指出，我们有义务"使这些人无法靠损害我们党的利益在工人舆论中重新巩固他们已经动摇的地

① 《马克思恩格斯文集》第三卷，人民出版社2009年版，第423页。

位”[①]。

1891年1月，“恩格斯为了反击德国党内日见抬头的机会主义思潮，肃清拉萨尔主义的影响，帮助德国社会民主党制定正确的纲领，不顾党内某些领导人的反对，将这一著作发表在1890—1891年《新时代》杂志第九年卷第一册第18期，并写了序言。恩格斯在发表《哥达纲领批判》时，考虑了《新时代》杂志的出版者约·亨·威·狄茨和编辑卡·考茨基的要求，删去了一些针对个别人的尖锐词句和评语”[②]。发表这本书是一场尖锐的斗争，经过恩格斯的坚决斗争，这本书终于冲破层层阻挠得以全文发表。一百多年来，这本书无论在理论上和实践上都对无产阶级革命斗争起了重要的指导作用。

二、各版本说明

1891年，奥地利社会主义报纸《人民之友报》、美国的《纽约人民报》都全文转载了《哥达纲领批判》。同年，《哥达纲领批判》刊登在丹麦的《社会民主党人报》上，并出版了瑞典文的单行本，1894年出版了法文译本。《哥达纲领批判》英文版于1900年发表在美国社会主义工人党的机关报《人民报》上，1922年出版了单行本；1932年，《哥达纲领批判》被译成俄文版，从这个时期开始，《哥达纲领批判》在世界其他国家陆续得到传播。

该著作还收在《马克思恩格斯全集》德文版第19卷第11—32页、

---

① 《马克思恩格斯文集》第三卷，人民出版社2009年版，第410页。

② 《马克思恩格斯文集》第三卷，人民出版社2009年版，第679页，注释211。

第22卷第90—91页；俄文第1版第15卷第265—287页、第16卷（下）第81—82页，俄文第2版第19卷第9—32页、第22卷第95—96页；日文版第19卷第11—32页、第22卷第87—88页。[①]

《哥达纲领批判》早在19世纪末20世纪初就已经传入中国，并对中国革命产生深远的影响。在中文译本出现以前，就有很多摘译。

（一）摘译

1. 1921年3月1日，施存统发表《马克思底共产主义》一文，其中就曾摘译《共产党宣言》《法兰西内战》《哥达纲领批判》等著作若干语录，载于（上海）《东方杂志》第一卷第4号。

2. 1922年1月15日，重远（即邓中夏）发表《共产主义与无政府主义》一文，其中摘译马克思的《哥达纲领批判》、恩格斯的《反杜林论》两部著作中的三段语录，载于（北京）《先驱》创刊号。

3. 1922年7月1日，陈独秀发表《马克思学说》一文，其中摘译《共产党宣言》《法兰西内战》《哥达纲领批判》等著作中若干段落，载于（上海）《新青年》第九卷第6号。[②]

4. 1923年12月，范寿康、施存统、仕鲁译述《马克思主义与唯物史观》一书，其中摘译了《共产党宣言》《〈政治经济学批判〉序言》《哥达纲领批判》等著作中有关唯物史观的段落，由东方杂志社编印，

---

① 北京图书馆马列著作研究室：《马克思恩格斯著作中译文综录》，书目文献出版社1983年版，第124页。

② 北京图书馆马列著作研究室：《马克思恩格斯著作中译文综录》，书目文献出版社1983年版，第1123页。

商务印书馆出版。[①]

（二）全译本

1. 熊得山译，载1922年（北京）《今日》月刊第一卷第4号《马克思号》第9—35页，篇名为“哥达纲领批评”，文前有译者附记。马克思主义研究会于1923年5月5日出版单行本，40页，32开，竖排平装本，书前有译者写的“小引”，中国革命博物馆收藏。

2. 李达译，载1923年4月10日湖南自修大学出版的《新时代》第一卷第1号第1—28页，篇名为“德国劳动党纲领栏外批评”，即《哥达纲领批判》。

3. 彭学霈译，载1925年5月（上海）《学灯》第七卷第五册第9、12—15号。篇名为“德意志劳动党纲领批评”，包括恩格斯序言、马克思给白拉克的信，《德国社会主义工人党纲领（哥达通过）》，文前有译者序（写于1924年12月15日）。该译文是参照1922年德文本和法文本译出的，小注是根据法文本译出的。该刊由中共中央马克思恩格斯列宁斯大林著作编译局图书馆收藏。

4. 李春蕃（又作李春藩，又名柯柏年）译，（上海）解放丛书社1925年8月出版，52页，64开，竖排平装本，书名为“哥达纲领批评”，封面印有“解放丛书第1种”字样。该书包括恩格斯的序言、马克思给威·白拉克的信以及《对德国工人党纲领的几点意见》，书后有附注12条。本版由浙江省图书馆收藏。1926年1月，（上海）解放丛书社

① 北京图书馆马列著作研究室：《马克思恩格斯著作中译文综录》，书目文献出版社1983年版，第1124页。

再版，52页，64开，竖排平装本。

5. 李一氓译，乜乜校，载《马克思论文选译》第一集（1930年2月版）第55—96页，篇名为“哥达纲领批评”，包括恩格斯序言、马克思给威·白拉克的信以及《对德国工人党纲领的几点意见》，文后有注释13条。

6. 何思敬、徐冰译，（延安）解放社1939年12月出版，139页，32开，横排平装本，书名为“哥达纲领批判”，封面印有“马恩丛书10”的字样。本书包括下列文章：《对德国工人党纲领的几点意见》《恩格斯给倍倍尔的信（1875年3月18—28日）》《马克思给威·白拉克的信（1875年5月5日）》《恩格斯给威·白拉克的信（1875年10月11日）》《恩格斯给奥·倍倍尔的信（1875年10月12日）》《恩格斯的序言》《恩格斯给卡·考茨基的信（1891年2月23日）》，此外还有列宁在《马克思主义论国家》和《国家与革命》中的有关摘录。文后附有注释。本书于1949年5月由东北书店重印，117页，32开，横排平装本，封面上印有“马恩丛书之十”字样。

而且（北京）解放社于1949年11月出版了校正版，由何思敬、徐冰译，（2+2+137）页，32开，横排平装本，书前有解放社编辑部于1949年5月20日写的“出版者的话”，书后附简要注释127条。

7. 集体翻译，唯真校订，载《马克思恩格斯文选》（两卷集）第二卷（1955年版）第11—47页，包括：《给威·白拉克的信》《对德国工人党纳的几点意见》《恩格斯的序言》《恩格斯致奥·倍倍尔（1875年3月18至28日）》《恩格斯致卡·考茨基的信》。附有注释。

8. 刘潇然摘译，载《马克思恩格斯论工会》（1958年11月版）第

179—191页，篇名为“德国工人党纲领评注”，即摘译《对德国工人党纲领的几点意见》第一部分。又，《马克思致威康·白拉克（1875年5月5日）》一信，刘潇然等译，中共中央马克思恩格斯列宁斯大林著作编译局校，载《马克思恩格斯书信选》（1962年10月版）第327—329页。

9. 载《马克思恩格斯全集》第十九卷（1963年12月版）第11—35页、第二十二卷（1965年5月版）第105—106页。又于1964年9月，根据《马克思恩格斯全集》的译文排印大字本，（2+92）页，大32开，横排本，分精装、平装两种。该书单行本附有恩格斯论《哥达纲领》的11封信，书后还有附录《德国社会民主工人党纲领（1869年在爱森纳赫通过）》《德国社会主义工人党纲领（1875年在哥达通过）》，并有注释50条。该书又载《马克思恩格斯选集》第三卷（1972年5月版）第1—25页。

10. 成仿吾小组校译，1978年中共中央党校印行，（2+88）页，16开，横排平装大字本。该书分《马克思论哥达纲领》《恩格斯论哥达纲领》以及附录三部分：第一部分包括马克思致威·白拉克的信（1875年5月5日）、《对德国工人党纲领的批注》，第二部分包括恩格斯论《哥达纲领》的11封信，第三部分包括《德国社会民主工党纲领（1869年在爱森纳赫通过）》《德国工人党纲领（草案）》《德国社会主义工人党纲领（1875年在哥达通过）》。书前有恩格斯的序言，书后有注释70条。中译文根据狄茨出版社1974年德文版译出。书后附正误表一页，未印版权页。①

① 北京图书馆马列著作研究室：《马克思恩格斯著作中译文综录》，书目文献出版社1983年版，第122—123页。

（三）少数民族译本

根据中共中央马克思恩格斯列宁斯大林著作编译局的中译文，民族出版社还出版了蒙古文版（1972年1月）、藏文版（1972年2月、1975年5月）、维吾尔文版（1971年12月、1973年7月、1975年7月）、朝鲜文版、哈萨克文版（1972年9月、1975年8月）等民族文字译本。内蒙古人民出版社出版了蒙古文版（1958年8月），新疆人民出版社出版了托忒蒙古文版（1975年8月），还出版了哈萨克新文字版（1974年）。

三、内容简介

1891年，《哥达纲领批判》公开发表时，除了马克思的《德国工人党纲领批注》正文主体以外，恩格斯为其专门写下了一篇序言，即《恩格斯写的1891年版序言》，同时还附上了马克思1875年5月5日于伦敦写的《给威廉·白拉克的信》。此外，《马克思恩格斯文集》第三卷与《马克思恩格斯选集》第三卷在出版上述两个历史文献时，也将恩格斯于1875年3月写给奥·倍倍尔的信附录于其中。以上包括一个序言、两封信等四个文献共同构成了《哥达纲领批判》的文本整体，都是全面深刻理解《哥达纲领批判》不可缺少的重要组成部分。

（一）《德国工人党纲领批注》正文主体部分

在这部著作中，马克思采取逐条批判的方式，批判了纲领草案中的拉萨尔主义观点，阐述了科学社会主义的基本原理，丰富和发展了科学社会主义理论。《德国工人党纲领批注》全文分四个部分，着重论述了共产主义社会发展的两个阶段的原理和过渡时期及无产阶级专政的必要性。

1. 主要结构

第一章，马克思分五点逐条批判了《哥达纲领》草案第一部分的五个条文，着重批判了条文中掩盖资本主义社会的基本矛盾、鼓吹拉萨尔的庸俗社会主义、混淆阶级关系、宣传资产阶级民族主义的错误观点。在批判中，马克思第一次提出了共产主义社会发展的两个阶段的原理，丰富和发展了科学社会主义的理论。

第一节，批判纲领草案泛泛地谈论“劳动”和“社会”，把拉萨尔的“不折不扣的劳动所得”作为党的奋斗目标的错误。

（1）逐句批判纲领草案的第一个条文，指出泛泛地谈论“劳动”和“社会”是为资产阶级和一切剥削阶级作辩护；

（2）揭露纲领草案把拉萨尔的“不折不扣的劳动所得”作为奋斗目标的错误，指出党纲必须以历史唯物主义为基础，为无产阶级指明消灭私有制的历史使命。

第二节，揭露纲领草案篡改国际章程，不反对地主阶级的反动本质，在革命的对象问题上，划清了马克思主义和拉萨尔主义的界限。

（1）揭露纲领草案对国际章程的篡改，重申了国际章程的科学原理；

（2）揭露纲领草案篡改国际章程的反动实质。

第三节，批判拉萨尔“公平分配劳动所得”的庸俗社会主义谬论，第一次提出了共产主义社会发展的两个阶段的原理，划清了真假社会主义的界限。

（1）揭露“公平分配劳动所得”这一口号的历史唯心主义的反动实质；

（2）批判拉萨尔的“不折不扣的劳动所得”，阐明社会主义社会总产品分配的原理；

（3）批判纲领草案把“公平”“平等”这些资产阶级法权观念当作永恒的原则，指出社会主义社会分配方面的缺点和资产阶级法权的不平等，第一次明确提出了共产主义社会发展的两个阶段的理论；

（4）批判“分配决定论”，揭露纲领草案鼓吹“公平分配劳动所得”是从科学社会主义向庸俗社会主义的倒退。

第四节，批判拉萨尔粗暴地歪曲《共产党宣言》，鼓吹农民和小资产阶级是“反动的一帮”的谬论，阐明无产阶级必须建立革命同盟军的思想。

（1）揭露“反动的一帮”的谬论是对《共产党宣言》的歪曲，阐明了资本主义社会各阶级的历史地位和作用；

（2）揭露拉萨尔鼓吹“反动的一帮”的阶级实质。

第五节，批判纲领草案追随拉萨尔鼓吹资产阶级民族主义的错误，坚持无产阶级国际主义的原则。

（1）揭露纲领草案在无产阶级国际主义问题上的倒退，阐明无产阶级的革命斗争在形式上是民族的、在内容上是国际的；

（2）批判纲领草案用资产阶级口号篡改无产阶级国际主义的错误，指出无产阶级政党在任何情况下，都必须坚持无产阶级国际主义原则。

第二章，马克思批判了纲领草案把拉萨尔的“铁的工资规律”强加给党，背叛剩余价值理论的错误，揭示了资本主义工资的实质，说明了工人阶级为了求得解放必须消灭雇佣劳动制度；在无产阶级革命的任务问题上，划清了马克思主义同拉萨尔机会主义之间的界限。

（1）揭露“铁的工资规律”的反动实质在于维护雇佣劳动制度、反对无产阶级革命；

（2）指出纲领草案承认“铁的工资规律”是对马克思剩余价值学说和工资理论的彻底背叛。

第三章，马克思批判了纲领草案接受拉萨尔的“救世良方”，鼓吹“依靠国家帮助建立生产合作社”来实现社会主义的机会主义路线；坚持了社会主义只能“从社会的革命转变过程中”产生出来，即只有通过无产阶级革命和无产阶级专政才能建立社会主义的思想；在无产阶级革命的道路问题上，划清了马克思主义同拉萨尔主义的界限。

（1）拉萨尔的“国家帮助”是消灭阶级斗争和暴力革命的机会主义路线；

（2）纲领草案接受拉萨尔的“国家帮助”，就是从阶级运动的立场倒退到了宗派运动的立场；

（3）在资本主义制度下，鼓吹依靠“国家帮助”建立生产合作社来实现社会主义，就是背离科学共产主义理论。

第四章，马克思彻底批判了纲领草案在国家问题上的机会主义观点和提出的一些庸俗的民主主义的政治要求；深刻地阐明了关于无产阶级专政的根本原理，进一步丰富和发展了无产阶级专政的理论，捍卫了马克思主义的国家学说。这一章分为A、B两节。在A节中，主要批判了纲领草案提出的争取“自由国家”的机会主义口号，以及为建立

“国家的自由基础”而提出的庸俗的民主主义的政治要求；在B节中，主要批判了纲领草案为建立“国家的精神的和道德的基础”而提出的一些要求。

（1）批判纲领草案提出的争取“自由国家”的机会主义口号；

（2）批判纲领草案在国家和社会关系上的历史唯心主义观点；

（3）提出从资本主义到共产主义过渡时期的国家只能是无产阶级的革命专政的伟大理论；

（4）批判纲领草案提出的资产阶级民主主义的政治要求；

（5）批判纲领草案把国家和政府混同起来的错误；

（6）批判纲领草案为建立所谓“国家的精神的和道德的基础”而提出的一些要求：

①批判纲领草案在教育问题上的机会主义观点；

②批判纲领草案提出的“科学自由”“信仰自由”的谬论；

③批判纲领草案关于工厂立法方面的要求。

2. 主要观点

（1）资本主义私有制是无产阶级遭受剥削和压迫的根源

①劳动不是一切财富和文化的源泉。土地、矿山、水源、森林等自然资源也是物质财富的源泉。劳动不具有超自然的创造力，离开这些物质条件，是什么物质财富也创造不出来的。纲领把劳动视为一切财富和文化的源泉这个说法避开了最重要的生产资料和劳动对象的所有制问题，掩盖了资本主义剥削的实质，因此，这是一个资产阶级的说法，是为资产阶级所欢迎和接受的。

②批判所谓“有益的劳动只有在社会里和通过社会才是可能的”。

指出这是无的放矢、逻辑混乱。无益的和有害的劳动也离不开社会，这是在照抄卢梭的社会契约论。其实，劳动的有益与无益并不完全系于社会性，它在很大程度上是与腐朽的社会制度联系在一起的。种植鸦片等无益有害的劳动是剥削制度容许并难以制止的，所以不能用社会性来说明有益劳动和无益劳动。按照卢梭的说法，在原始蒙昧时期，尚未进入社会状态，野蛮人也进行了狩猎和采集等有益的劳动，照此说来，有益的劳动并不一定只有在社会里和通过社会才是可能的。纲领的这项条文前后自相矛盾。

③批判纲领空谈“劳动”和“社会”所带来的荒谬结果。劳动所得归于社会这个要求在一切时代都会被当时的社会制度的捍卫者所承认，是资产阶级乐于接受的。因为这个要求抛开了生产资料所有制的性质，抽掉了阶级内容，根本不讲劳动所得归什么样的社会。按照资产阶级的逻辑，劳动所得归社会必然首先归政府以及依附于它的各个方面，因为政府是维护社会的机关。如果换一个说法，说劳动只有在社会里和通过社会才能成为财富和文化的源泉，这种表述无疑是正确的。因为孤立劳动虽然能创造使用价值，但它既不能构成社会财富，也创造不出文化。随着劳动的社会性的发展，以及由此而来的劳动成为财富和文化的源泉，劳动者方面的贫穷和愚昧、非劳动者方面的财富和文化也发展起来，这是无可争辩的，是全部的历史规律。

（2）对拉萨尔机会主义分配纲领的批判

①无产阶级革命的对象问题。纲领断言劳动资料为资本家阶级所垄断，并认为这是工人阶级遭受贫困和奴役的根源，这个说法是错误的。在现代社会，劳动资料首先是土地，同时还包括工业生产资料。

从一定的意义上说，对土地的垄断在先，先有剥夺农民，使其成为离开土地的自由劳动者，然后才发展起资本主义，地产垄断甚至是资本家垄断的基础。因此，劳动资料的垄断者首先是地主，其次才是资本家，地主和资本家都是革命的对象，特别是对德国来说，地主阶级更是革命的凶恶敌人。纲领只反对资产阶级而不反对地主，这是拉萨尔勾结俾斯麦政府的机会主义面目的大暴露。

②对所谓“公平分配劳动所得”的批判。纲领要求公平地和不折不扣地分配劳动所得，其实劳动所得是个模糊概念，正确的含义应指劳动产品。公平只是一种法权要求和概念，属于上层建筑范畴，而分配则是一种经济关系，属于经济基础，不是公平原则决定分配，而是有什么样的所有制就有什么样的分配原则。因此，不同的经济关系和不同的阶级都有不同的公平概念和公平标准。资本家认为，他们凭借生产资料私有制剥削工人是公平的。所以，不能从法权要求出发来强制经济分配，这是彻头彻尾的历史唯心主义。

③对不折不扣分配劳动所得的批判。在共产主义社会里，分配不可能是不折不扣的，它必须扣除用来补偿消费掉的生产资料的部分，用来扩大再生产的追加部分和用来应付不幸事故及自然灾害等的后备基金和保障基金，这是保证社会生产正常进行所必需的。此外，还需扣除和生产过程没有直接关系的一般管理费用、文化教育和卫生保健费用以及为丧失劳动能力的人所设立的福利费用，在资本主义没有消灭之前尚需扣除国防费用。只有扣除这些项目和费用以后，劳动产品才能在社会成员中进行分配，所以，“不折不扣”已经变成了“有折有扣”了。

（3）共产主义社会中的分配问题及共产主义社会发展的两个阶段的原理

①共产主义社会产品分配的经济前提。共产主义社会是一个集体的以共同占有生产资料为基础的社会，也是一个单一的生产资料公有制的社会，所以，不存在不同的所有者，劳动产品就可以不必作为商品来进行生产和交换，而是按照整个社会的需求来有计划进行生产和分配。因此，消耗在产品上的劳动不表现为价值，由于不需要交换，劳动的成果只通过使用价值显示自己的物性，个人劳动只是直接地作为总劳动的构成部分存在着。在这种情况下，就可以废除商品生产和货币，实行有计划的产品分配，这是共产主义社会产品分配的经济前提。

②共产主义社会发展的两个阶段。马克思从分配问题入手，区分了共产主义社会发展的两个阶段。共产主义社会是在资本主义社会基础上建立起来的，因此，它在经济、道德和精神方面不可避免地带有它脱胎出来的那个社会的痕迹。在经济上，生产力水平相对不高，三大差别还存在，社会产品还没有达到极大丰富的阶段；在精神和道德上，人们还不可能自觉自愿地劳动，劳动仍然是谋生手段。因此，共产主义革命胜利后的一段时期，经济上和道德上远未成熟，还没有达到我们奋斗的最终理想，还需要付出最大的努力来不断地加以完善和提高，才能进入成熟的共产主义社会。这样，马克思就从共产主义发展的成熟程度出发，把统一的共产主义社会区分为两个发展阶段：第一阶段实行按劳分配，称为社会主义社会；第二阶段实行按需分配，是共产主义社会发展的高级阶段。

③社会主义时期必须实行按劳分配的原则。首先，在此阶段，按照

马克思的设想，为了消除平均主义分配的弊病，每个生产者在做了各项扣除以后，从社会方面正好领回了他所给予社会的一切；他所给予社会的就是他的劳动量，他从社会领得一张证明劳动量的证书，凭借这张证书从社会储存中又领得和他劳动量相当的消费资料。这就是按劳分配的内容。

其次，马克思还揭示了按劳分配的实质，指出它所贯彻的就是商品交换中通行的等价交换的原则。在资本主义社会中，资本家支付工资，购买劳动力，遵循的是等价交换的原则。与此相比，社会主义社会中的按劳分配原则在内容和形式上都改变了，内容已不是出卖劳动力，而是为自己和社会劳动，消灭了榨取剩余价值的可能；形式上已不是用货币支付工人的工资，而是凭劳动证书领取生活必需品，这是对剥削的彻底否定，是分配原则和方式的根本变革。

再次，马克思进一步论述了按劳分配原则所体现的资产阶级法权，指出这个原则虽然是历史的巨大进步，但由于它遵循等量劳动换取等量产品的原则，而人的劳动由于体力、智力的不等和家庭及人口多少的不同，最后仍会造成消费品分配事实上的不平等。这种表面的平等掩盖着事实上的不平等，反映了按劳分配原则仍未超出资产阶级法律所确认和维护的等价交换的狭隘眼界，仍把劳动力视为个人所有。人及其劳动能力本来就是各不相同的，可是却用同一的劳动尺度去衡量人的劳动，并据以分配产品，由此造成事实上的不平等正是资产阶级法权的反映，它保护劳动能力个人所得和交换中的等价交换原则，这正是资产阶级的利益和意志的反映。

最后，马克思精辟地论述了共产主义社会第一阶段实行按劳分配的历史必然性，指出，分配中的这种弊病在它经过长久阵痛刚刚从资本主义社会产生出来的形态中是不可避免的。权利永远不能超出社会经济结构及其由经济结构所制约的社会文化的发展水准。由于社会主义时期经济上的不成熟，在思想文化上还没有达到不用劳动产品来监督劳动的水平，因此，按劳分配是唯一可以实行的分配方案。

④共产主义社会高级阶段必须实行各尽所能、按需分配的原则。在共产主义社会的高级阶段，在迫使人们奴隶般地服从分工的情形已经消失，从而脑力劳动和体力劳动的对立也随之消失之后；在劳动已经不仅仅是谋生的手段，而是本身成为生活的第一需要之后；在随着个人的全面发展生产力也增长起来，而集体财富的一切源泉都充分涌流之后，——只有在那个时候，才能完全超出资产阶级法权的狭隘眼界，社会才能在自己的旗帜上写上：各尽所能、按需分配！

⑤共产主义社会发展的两个阶段原理的理论和实践意义。这个原理极大地丰富和发展了唯物史观和科学社会主义学说，将推翻资本主义制度后向共产主义社会的发展历程阶段化、精确化，从分配制度入手，对这两个阶段作了质的区分，从而将《共产党宣言》和《德意志意识形态》等著作提出的共产主义构想大大地向前推进了一步。特别是对共产主义社会第一阶段资产阶级法权存在的论述，提供了社会主义社会现实的详尽图景，同时也展示了共产主义社会高级阶段的实现条件和途径，坚定了人们的共产主义信念，对于社会主义实践具有重大的指导意义。

⑥对“分配决定论”的批判。把分配看作是事物的本质并把重点放在它上面是根本错误的。消费资料的任何一种分配都不是第一性的，而是生产条件分配的结果。而生产条件的分配首要的是看生产资料掌握在

谁的手里，这是具有决定意义的。有什么样的生产方式和生产资料所有制，相应地就有什么样的分配，分配不但不能决定生产，反而是由生产决定的。分配决定论是分配中历史唯心主义的体现。

（4）无产阶级同盟军问题

①工人阶级的解放是工人阶级自己的事情，批判纲领关于“劳动解放”的谬论。工人阶级只能通过自己的斗争去争取自身的解放，成为社会的主人，而不是要解放劳动。劳动在资本主义条件下已经够自由的了，无需去解放它，需要解放的是从事劳动的工人阶级和劳动群众，这不能指望别人的恩惠，只能靠自己，靠无产阶级革命和无产阶级专政。

②批判纲领把农民和小资产阶级都看成是“反动的一帮”的错误观点。无产阶级是大工业的产物，是先进生产力的代表，和一切行将退出历史舞台的阶级相比，无产阶级是真正革命的阶级。但是这并不等于说其他一切阶级特别是农民和小资产阶级都是“反动的一帮”。农民和手工业者具有两重性，作为私有者，当他们要维护小私有者的地位时，他们是保守的，如果他们力图扭转历史车轮，反对社会进步，他们甚至是反动的。但这只是指一种理论上潜在的可能性，并不注定会变成现实。更主要的是他们作为劳动者，反对地主资产阶级的压迫和剥削，倾向革命。随着两极分化，他们也不断转入无产阶级的队伍。因此必须争取中间阶级和农民，与他们结成同盟，这是无产阶级革命胜利的必要条件。

（二）附录一：马克思《给威廉·白拉克的信》

1869年8月，在马克思和恩格斯的关怀下，德国工人运动中以李卜克内西和倍倍尔为首的革命派在德国爱森纳赫城召开代表大会，成立了德国社会民主工党，又称爱森纳赫派，大会通过的纲领称为《爱森纳赫纲领》，是一个革命性的纲领。但是，爱森纳赫派与拉萨尔派合并后通过的《哥达纲领》草案则不同于《爱森纳赫纲领》，同时也大大背离了马克思主义。为此，马克思在写了《哥达纲领批判》以后，于1875年5月5日就给威廉·白拉克[①]（当时是爱森纳赫派的创始人和领导人）写了这封信，着重说明了为什么要对《哥达纲领》草案进行批判，这封信是对当时写作背景的最好说明。马克思给威廉·白拉克的这封信，是恩格斯在首次发表《哥达纲领批判》时就附上的。

马克思在《给威廉·白拉克的信》中明确指出了自己的立场，"这里指的是，在合并大会以后，恩格斯和我将要发表一个简短的声明，内容是我们同上述原则性纲领毫不相干，同它没有任何关系"[②]。在马克思看来，马克思主义既与《哥达纲领》草案之间毫不相干，也与拉萨尔的机会主义毫无共同点。马克思、恩格斯非常严肃地指出这个问题，并且进一步说明一定要抱病"写这么长的东西，对我来说决不是一种'享受'"的意义所在。

首先，是"为了使党内朋友们（这个通知就是为他们写的）以后不致误解我不得不采取的步骤，这是必要的"。其目的就是以此唤起德国

① 威廉·白拉克（1842—1880），德国社会民主工党（即爱森纳赫派）的创始人和领导人之一。不伦瑞克社会主义书籍的出版者。1871年因反对普法战争被捕入狱。1873年写了《拉萨尔的建议》一书，批判拉萨尔的所谓依靠"国家帮助"建立生产合作社的机会主义主张。1875年支持马克思和恩格斯批判《哥达纲领》草案。1877—1879年是社会主义工人党国会党团成员。曾进行反对拉萨尔派的斗争，反对社会民主党内的机会主义，但不够彻底。

②《马克思恩格斯文集》第三卷，人民出版社2009年版，第425页。

党的领导人的觉悟，这是马克思的“义务”，“我的义务也不容许我哪怕用外交式的沉默来承认一个我认为极其糟糕的，会使党精神堕落的纲领”。

其次，“也是为了反击外部敌人对我们的攻击”，当时主要是巴枯宁，他攻击马克思要对这个党的所有纲领等负责，胡说李卜克内西是受马克思、恩格斯指挥的。因此，在这封信中马克思申明自己的严正立场：“在国外有一种为党的敌人所热心支持的见解……例如巴枯宁还在他新近出版的一本俄文著作中要我不仅为这个党的所有纲领等等负责，甚至要为李卜克内西自从和人民党合作以来所采取的每一个步骤负责。”[①]因此，发表这个批判也是反击外部敌人攻击的需要。

再次，为了批判拉萨尔主义，批判《哥达纲领》草案中的错误观点，为德国工人运动指出正确的发展方向，马克思强调了纲领的重要性，“制定一个原则性纲领，这就是在全世界面前树立起可供人们用来衡量党的运动水平的里程碑”。正因如此，必须认真对待这样一个有关的“里程碑”，马克思强调，拉萨尔派的投奔仅是权宜之计，“拉萨尔派的首领们靠拢我们，是因为他们为形势所迫”。马克思一针见血地指出，爱森纳赫派实际上是“拿原则来做交易”“向那些本身需要援助的人们无条件投降”，而且是“用过高的代价换来的”，因此，这个纲领是完全要不得的。更何况把拉萨尔的信条奉为“神圣”这一点，更是完全要不得的。

---

①《马克思恩格斯文集》第三卷，人民出版社2009年版，第425—426页。

（三）附录二：恩格斯《给奥·倍倍尔的信》

在马克思写《哥达纲领批判》之前，恩格斯首先对《哥达纲领》进行了批判。《给奥·倍倍尔的信》是恩格斯批判拉萨尔主义的重要文献。1875年3月7日，恩格斯看到了《人民国家报》和《新社会民主党人报》发表了两个工人党的合并纲领草案即《哥达纲领》草案，随即就写信给倍倍尔，因当时倍倍尔还在狱中，该信是由白拉克转交给倍倍尔的。

由于《哥达纲领》草案在原则上认同了拉萨尔主义，充斥着大量的荒谬论点，马克思和恩格斯对这个纲领草案进行了严厉批判。他们认为，必须在理论问题和政治问题上坚持原则，决不能向拉萨尔派妥协让步，而应当迫使拉萨尔派放弃他们的错误主张，只有在这种条件下才能实行两党的合并。但是，爱森纳赫派领导人没有接受马克思、恩格斯的批评，这个合并纲领草案只在文字上略加修改就于1875年5月在哥达举行的合并大会上通过。

虽然，恩格斯这封信写于1875年3月18—28日，但是却在36年后才首次发表在奥·倍倍尔[①]的回忆录《我的一生》（1911年斯图加特版第

① 奥古斯特·倍倍尔（1840—1913），德国和国际工人运动著名活动家，德国社会民主党的创始人和领导人之一。旋工出身。1865年加入第一国际并接受了马克思的学说。1867年起为国会议员。1869年与李卜克内西一起，创立和领导德国社会民主工党。普法战争时期，站在无产阶级国际主义立场上，反对王朝战争，热烈支持巴黎公社。1872年因进行反对军国主义的斗争被捕入狱。1875年获释。1875年3月18—28日，恩格斯曾写信给倍倍尔，批判《哥达纲领》草案，警告爱森纳赫派不要向拉萨尔派妥协和让步。但是，倍倍尔没有认真接受恩格斯的警告。19世纪90年代起，参加第二国际的创建工作，为第二国际的主要领导人，与伯恩施坦主义进行了斗争，对世界工人运动做出了贡献。但是，晚年在战争和民族、殖民地等问题上，犯了宗派主义错误。列宁肯定了倍倍尔的功绩，同时批评了他的错误。

二卷）中，这封信的中译文于1939年发表在何思敬、徐冰翻译，由延安解放社出版的《哥达纲领批判》中，但在李春蕃翻译的《哥达纲领批评》中没有刊印出来。这封信同马克思的《哥达纲领批判》有密切的联系，表明了马克思和恩格斯对拉萨尔主义进行坚决斗争以维护科学社会主义原则的共同立场和观点。

这封信的内容大致可分为四个部分：第一部分（第1—3段）说明了对两派合并的态度，表明了马克思和恩格斯在这个问题上的一贯立场；第二部分（第4—13段）是对几个重点问题的批判；第三部分（第14段）说明对合并以后的党将采取的态度，将迫使他们拒绝替承认这个纲领的政党承担任何责任；第四部分（第15—17段）说明党的纲领的重要性，和以这个纲领为基础合并后将产生的危害。

在这封信中，恩格斯批评了德国社会民主工党（爱森纳赫派）在准备与全德工人联合会（拉萨尔派）合并时在纲领草案中对拉萨尔派的无原则妥协让步。恩格斯强调，对于工人阶级政党来说，“一个政党的正式纲领没有它的实际行动那样重要。但是，一个新的纲领毕竟总是一面公开树立起来的旗帜，而外界就根据它来判断这个党。因此，新的纲领无论如何不应当像这个草案那样比《爱森纳赫纲领》倒退一步”[①]。因此，必须消除纲领草案中的拉萨尔主义。恩格斯指出：“这个连文字也写得干瘪无力的纲领中差不多每一个字都应当加以批判。它是这样一种纲领，一旦它被通过，马克思和我永远不会承认建立在这种基础上的新党，而且我们一定会非常严肃地考虑，我们将对它采取（而且还要公开

①《马克思恩格斯文集》第三卷，人民出版社2009年版，第415页。

采取）什么态度。”[①]

恩格斯在信中指出了自己的判断：“纲领草案证明，我们的人在理论方面比拉萨尔派的领袖高明一百倍，而在政治机警性方面却差一百倍；‘诚实的人’又一次受到了不诚实的人的极大的欺骗。”[②]这主要表现在：

第一，接受了拉萨尔响亮的但从历史的观点来看是错误的说法，对工人阶级来说，其他一切阶级只是“反动的一帮”。恩格斯指出，这句话只有在个别例外场合才是正确的。

第二，工人运动的国际性原则实际上在当前完全被抛弃，而且是被五年来在最困难的情况下一直极其光荣地坚持这一原则的人们所抛弃。

第三，我们的人已经让别人把拉萨尔的“铁的工资规律”强加在自己头上，这个规律的基础是一种陈腐不堪的经济学观点，即工人平均只能得到最低的工资，之所以如此，是因为按照马尔萨斯的人口论，工人总是过多（这就是拉萨尔的论据）。

第四，纲领把拉萨尔从毕舍那里剽窃来的“国家帮助”原封不动地提出来作为唯一的社会的要求。

第五，根本就没有谈到通过工会使工人阶级作为阶级组织起来。

恩格斯着重地批判了《哥达纲领》草案中关于建立“自由国家”的错误主张，指出“当无产阶级还需要国家的时候，它需要国家不是为了自由，而是为了镇压自己的敌人，一到有可能谈自由的时候，国家本身就不再存在了”[③]。指出这纯粹是无稽之谈，它只能导致思想和理论上

① 《马克思恩格斯文集》第三卷，人民出版社2009年版，第415页。

② 《马克思恩格斯文集》第三卷，人民出版社2009年版，第411页。

③ 《马克思恩格斯文集》第三卷，人民出版社2009年版，第414页。

的混乱。

（四）附录三：恩格斯《恩格斯写的1891年版序言》

这个序言主要说明了要在15年之后发表《哥达纲领批判》的原因，尽管，地道的拉萨尔分子只是还有个别的残余存在在国外，而《哥达纲领》甚至也被它的那些制定者在哈雷当作完全不能令人满意的东西放弃了，但是，恩格斯仍然强调发表的重要性。他指出，这里刊印的手稿——对纲领草案的批判以及给白拉克的附信——曾于1875年哥达合并代表大会召开以前不久寄给白拉克，请他转给盖布、奥尔、倍倍尔和李卜克内西过目，然后退还马克思。“既然哈雷党代表大会已把关于哥达纲领的讨论提到了党的议事日程，所以我认为，如果我还不发表这个与这次讨论有关的重要的——也许是最重要的——文件，那我就要犯隐匿罪了。”[①]而且，更为关键的是恩格斯特别提出了这个手稿还有另外更广泛的意义，那就是“其中第一次明确而有力地表明了马克思对拉萨尔开始从事鼓动工作以来所采取的方针的态度，而且既涉及拉萨尔的经济学原则，也涉及他的策略”[②]。

恩格斯强调了《哥达纲领批判》的性质，即“用以剖析纲领草案的那种无情的尖锐性，用来表述得出的结论和揭露草案缺点的那种严厉性”[③]，但是，恩格斯仍然“在内容不受影响的地方，把一些涉及个人

---

①《马克思恩格斯文集》第三卷，人民出版社2009年版，第423页。

②《马克思恩格斯文集》第三卷，人民出版社2009年版，第423页。

③《马克思恩格斯文集》第三卷，人民出版社2009年版，第423页。

的尖锐的词句和评语删掉了，而用省略号来代替”[①]。恩格斯给出了解释，因为时过境迁了，当时“手稿中有些地方语气很激烈，这是由下述两种情况引起的：第一，马克思和我同德国运动的关系，比同其他任何一国运动的关系都更为密切；因为这个纲领草案中所表现的明显的退步，不能不使我们感到特别愤慨。第二，那时国际海牙代表大会闭幕才两年，我们正在同巴枯宁和他的无政府主义派进行最激烈的斗争，他们要我们对德国工人运动中发生的一切负责；因而我们不得不预先想到，他们也会把我们说成是这个纲领的秘密制定者。这些顾虑现在已经消失，保留有关词句的必要性也就随之消失”[②]。恩格斯这段话明确告诉我们，按照马克思的原意，对纲领的批判本来是更尖锐更激烈的，因为原则问题是不能有一丝一毫妥协的。

---

①《马克思恩格斯文集》第三卷，人民出版社2009年版，第423页。

②《马克思恩格斯文集》第三卷，人民出版社2009年版，第423—424页。

《哥达纲领批判》李春蕃译本考释

一、译介背景

面对积贫积弱的中国，仁人志士思考着如何救亡图存以拯救中华民族的未来。辛亥革命以后，西方先进的文化思想在中国得到进一步传播，一部分文人作家的思想得到了启蒙。1915年声势浩大的新文化运动，唤醒了广大的青年，尤其是知识分子，去思索、去寻找一条救国救民的道路。当时“形形色色的学派、思想和主义都被介绍到中国来了：无政府主义、工团主义、布尔什维克主义、社会民主主义、基督教社会主义、基尔特社会主义、讲坛社会主义、费尔边社会主义、美国I. W. W主义、易卜生主义、实用主义、松巴特社会改良、土耳其基玛尔主义、印度泰哥尔思想、俄国托尔斯泰思想、反战的和平思想，等等，等等，不一而足”[①]。1917年的俄国十月社会主义革命和1919年的五四运动，以及经过中国革命的长期历史实践证明，只有马克思主义才能救中国。

到了20世纪20年代，中国革命面临着十分艰难的道路选择。孙中山提出“联俄、联共、扶助农工”三大政策，以俄为师的风气日盛。1923年二七惨案之后，工人运动受挫，中国共产党及时认清革命的形势，决定联合孙中山的中国国民党形成统一战线，共同对抗强大的敌

① 柯柏年：《我译马克思和恩格斯著作的简单经历》，转引自中共中央马克思恩格斯列宁斯大林著作编译局马恩室：《马克思恩格斯著作在中国的传播》，人民出版社1983年版，第28—29页。

人。1924年1月，国共两党开始第一次历史合作。国共两党合作以后，工人运动开始复兴，农民运动也有了一定起色。

1925年间，广东革命轰轰烈烈，汕头海陆丰等地区领导的农民运动也如火如荼，瞿秋白、张太雷先后离开上海到广东参加国民革命战争，李春蕃也辍学返回故乡，到澄海中学当教员。这段时间，为了配合国共合作后的新形势和共产党的宣传工作，李春蕃翻译了恩格斯的《社会主义从空想到科学的发展》。根据李春蕃生前回忆："马克思自己写的著作反而比别人所写的介绍性的和解释性的著作更容易懂、更有吸引力。因此我就萌生了翻译马克思和恩格斯原著的念头。"1925年8月，李春蕃开始翻译马克思的名著《哥达纲领批判》。他当时收集到了3个英译本，相互参照，反复推敲，日夜赶译，完成后将译稿寄到上海解放丛书社，自费印刷。该书首版印了2000册，很快销售一空，1926年1月又重印了第二版，但仍旧是供不应求。据统计，前后两版共计刊印了4000余册。这是已出版的几种译本中最完整的一种，而且也是公认的最好的《哥达纲领批判》译本，是李春蕃众多翻译著作中在国内流传最广的译作。

《哥达纲领批判》李春蕃译本一经问世，便立即成为许多中共党员学习马列主义的早期读本。李春蕃译本作为当时第一个单行本的付梓发行，有效地扩大了马克思主义在中国传播的基础。

李春蕃译本的出版发行给大革命时期的中国共产党以强有力的理论指导，《哥达纲领批判》中有关马克思主义理论的学说得到了进一步传播，同时也标志着马克思主义在中国的传播进入了一个崭新的阶段。如《哥达纲领批判》中的"无产阶级专政"思想给大革命中的共产党人提供了斗争策略。对中国共产党来说，在革命时期绝对不能放弃无产阶级领导权。当时中共中央总书记陈独秀对此却没能够引起注意，在革命过程中主动放弃了无产阶级对武装力量的领导权，放弃了无产阶级对农民群众、资产阶级的领导权，最终导致大革命失败。大革命失败后，中国共产党开始总结经验和教训，不断探索马克思主义在中国实现的途径，提出了无产阶级领导的、人民大众的、反帝反封建的新民主主义革命思想。

二、译者简介

李春蕃（1904—1985），又写作李春藩，广东省潮州府城区（今潮州市湘桥区）人。常用笔名柯柏年（一作柯伯年），"柯柏年"三个字其实大有来历，这三个字的汉语拼音字母的首字母分别为K、B、N，首字母"K"代表Karl Heinrich Marx（卡尔·海因里希·马克思），"B"代表恩格斯早期的一个笔名Bender，"N"代表Lenin（列宁）。李春蕃除了柯柏年之外还曾用的笔名有：马丽英、丽英、列英、福英等，其中"马"代表马克思，"丽"和"列"代表列宁，"英"代表恩格斯，"福"代表恩格斯的名字弗里德里希。

李春蕃（柯柏年）年少时受其堂兄李春涛影响巨大。1919年五四运动爆发，时年15岁正在读书的李春蕃怀着满腔爱国热情，积极参加了当地响应北京学生抗议巴黎和会的声势浩大的爱国反日运动。1920年李春蕃转学到上海沪江大学中学部读书时，有机会直接接触到在五四运动影响下迅猛发展的新文化运动。在此期间，李春蕃开始确立了马克思主义信仰。“经过一个时期的学习、对比和研究，我终于选择了马克思主义。……我既已选择了马克思主义就感到介绍性的文章和书籍，已不能满足我的要求。我要读原著。”[①]在这段时间内，李春蕃为了研究马克思主义，订了一份美国共产党的机关报《工人日报》及其星期增刊，还订购了一批包括英译本《资本论》在内的书。而且“如有所得，我就赶着试译出来，投登在《民国日报》的副刊《觉悟》上，以飨其他渴望学习马克思主义的青年”[②]。此时，他用原名李春蕃和笔名马丽英分别在国民党机关报《民国日报》副刊《觉悟》上，先后发表了列宁的《帝国主义论》《农业税的意义》和考茨基的《社会革命论》。由于在沪江大学参加学潮，并且参与翻译出版列宁的《帝国主义论》，他被学校开除，后转至上海大学学习。

1924年1月，李春蕃加入中国共产党，并当选上海大学学生会执委。1925年8月在澄海中学做中学教员。同年，李春蕃担任由周恩来领导的国民革命军东征军总政治部社会科副科长，负责农运、工运。二次东征胜利后，被委任为东江行政专员公署澄海县政治特派员等。后任国民革命军第三军政治教官，并协助张太雷编辑中共广东区委机关报——《人民周刊》。1927年四一二反革命政变后，李春蕃改用笔名柯柏年。1930年参加中国左翼文化界总同盟八大联之一的“社联”，与社会上一些知名学者编写了《社会问题大纲》，用马克思主义观点解释社会问题。

---

① 柯柏年：《我译马克思和恩格斯著作的简单经历》，转引自中共中央马克思恩格斯列宁斯大林著作编译局马恩室：《马克思恩格斯著作在中国的传播》，人民出版社1983年版，第29页。

② 柯柏年：《我译马克思和恩格斯著作的简单经历》，转引自中共中央马克思恩格斯列宁斯大林著作编译局马恩室：《马克思恩格斯著作在中国的传播》，人民出版社1983年版，第29页。

抗日战争时期，李春蕃任延安马列学院西方革命史研究室主任、中央研究院国际问题研究室主任，后到中共中央宣传部翻译室工作，主持翻译工作。李春蕃先后与他人合作翻译出版了《德国的革命和反革命》《马恩通信选集》《拿破仑第三政变记》《法兰西阶级斗争》等著作。延安整风开始后，参加编辑《马克思恩格斯方法论》。参加翻译苏联出版的十二卷本《列宁选集》。1944年，任中央军委外事组高级联络官，与外国军官、记者联系，解释中国共产党政策。解放战争时期，任中共中央外事组研究处处长等。

新中国成立后，李春蕃历任外交部美澳司司长、国际关系研究所副所长，参加朝鲜停战谈判。1954年，随周恩来参加日内瓦会议。先后被任命为中华人民共和国驻罗马尼亚大使、驻丹麦大使等。1981年任中华人民共和国外交史编辑委员会主任委员和国务院学位委员会法学组评议委员。1982年被聘为中国翻译工作者协会顾问。历任中国政治法律学会副会长、中国外交学会副会长。1985年8月9日病逝于北京，享年81岁。

三、编译过程与出版情况

中国对《哥达纲领批判》的译介起步于19世纪末20世纪初。从目前可考证的资料来看，清末民初时期已经开始零星介绍《哥达纲领批判》。1900年的《译书汇编》杂志就曾转译日本有贺长雄《近世政治史》一文。其中提到1875年爱森纳赫派与拉萨尔派合并前后的情况："……其四，社会党是也。社会党本分二派。而自千八百七十五年团并以后。则所谓劳动社会党也（劳动下等社会之谓也。）此党虽未许用共和党之名。而实与君主政体反对。并与资本家及教会之势力相抗者也。初其数甚少。于政治上尚无十分势力。然赞同者甚众。将来可期有为。故当总选举之际。彼即利用此赞同者。以为传播社会党主义之计。虽在无可希冀之处。亦必派人演说社会党主义。招人入党。久之而其效大著。通计全国社会党选举之数。自三十万递加至百七十万。社会党之代议士选自制造事业盛处者。少则二人。多至四十四人。”①

“五四”时期、中国共产党成立前后，李大钊、林云陔、蔡和森、陈独秀、施存统、吕一鸣等先进知识分子、革命家对《哥达纲领批判》进行了摘译、介绍传播。其中施存统在上海《民国日报》副刊《觉悟》、《新青年》、《东方杂志》等进步刊物译介河上肇《马克斯主义上所谓“过渡期”》《马克思底理想及其实现地过程》等文章，这些文章中都有对《哥达纲领批判》大量的内容介绍。

中国共产党成立后，马列经典著作的翻译与传播工作进入了一个崭新的时期。从1922年至1940年，曾一度出现了译介《哥达纲领批判》全译本的热潮，主要有熊得山、李达、彭学霈、李春蕃（柯柏年）、李一氓、何思敬、徐冰等人的《哥达纲领批判》全译本。

中华人民共和国成立后，党中央更加重视马克思列宁主义经典著作的翻译工作，开始有系统、有计划地翻译出版马克思恩格斯列宁斯大林全部著作，《哥达纲领批判》也在这一时期被全文刊印。1955年，由唯真校订、集体翻译的《马克思恩格斯文选》，由苏联莫斯科外国文书籍

---

① [日] 有贺长雄：《近世政治史》，载《译书汇编》1900年第1期，第50页。

出版局出版。其中收录了《弗·恩格斯作的序》《致威·布拉克的信》《对于德国工人党纲领的几点意见》《弗·恩格斯致奥·倍倍尔的信》《弗·恩格斯致卡·考茨基的信》等5篇文章。1955年7月，苏联舍斯塔科夫著，亚沙、李亚卿译的《论马克思的著作〈哥达纲领批判〉》一书，由人民出版社出版。该书从马克思创作《哥达纲领批判》的历史意义、对《哥达纲领》中拉萨尔主义原理的批判、马克思论共产主义社会形态发展的两个阶段等部分进行深入的分析和阐述，这是20世纪50年代中期国内较早研究《哥达纲领批判》的一部译著。受“文化大革命”的影响，《哥达纲领批判》在这一时期的研究脱离了原著本身的意蕴，有所倒退。改革开放以后，马列经典著作的编译回归正轨，如1995年版《马克思恩格斯选集》第三卷、1997年单行版《哥达纲领批判》、2009年版《马克思恩格斯文集》第三卷、2012年版《马克思恩格斯选集》第三卷，均对《哥达纲领批判》有所收录，这些都为研究《哥达纲领批判》提供了丰富的文献支撑和拓展研究的空间。

1925年，李春蕃从北京回到家乡广东潮州之后就着手翻译马克思的名著《哥达纲领批判》，“是根据我收集到的三个英文译本互相参照译出来的”。当时在资料奇缺以及时间极其紧张的情况下，李春蕃利用能够收集和查找到的十分有限的三个《哥达纲领批判》的英译本，开始互相对照，反复推敲，全身心投入到《哥达纲领批判》的翻译工作中。经过赶译，《哥达纲领批判》终于在1925年8月由上海解放丛书社出版。“译好之后，我把译文寄给上海书店的主持人徐梅坤（我和徐很熟）请他帮我出版发行。由于此书不是上海书店向我约的，我就提出自己出钱印书。我给徐梅坤寄去了印刷费。此书一共印了2000册。这一次因要直接出书，就没往《觉悟》投稿。此书一出，各地纷纷翻印。《哥达纲领批判》恐怕是我所翻译的马恩著作中流传最广的一本书。”[①]

应读者的强烈要求，1926年一二月间，又迅速地加印了第二版，仍然供不应求，一时间“洛阳纸贵”。粗略估计一下，两个版本的发行量大约在4000册。李春蕃译本被公认为是当时已出版的几个译本中最完整的译本，也是当时马克思主义著作中流传最广的译本。《哥达纲领批判》也是毛泽东喜欢读的一本书，他经常引用书中的一个词，即“资产阶级法权”，以至其变得脍炙人口。由此可见，李春蕃译本非常珍贵，该译本只有在国家图书馆、中国人民大学图书馆、复旦大学图书馆等少数几个馆内作为善本保存。

李春蕃译本作为新中国成立前最完整的《哥达纲领批判》译本，也是唯一以单行本的形式出现的译本，由上海解放丛书社出版印发，上海书店总经售，经由各省书店分售。该译本由导言、致白拉克书、德国劳动党纲领旁注、附注所构成。在附注部分，共有12个尾注，对理解《哥达纲领批判》起到了重要的补充作用。

---

① 柯柏年：《我译马克思和恩格斯著作的简单经历》，转引自中共中央马克思恩格斯列宁斯大林著作编译局马恩室：《马克思恩格斯著作在中国的传播》，人民出版社1983年版，第30页。

《哥达纲领批判》李春蕃译本译文解析

以下按照标题、目录、章节顺序，对比《哥达纲领批判》李春蕃译本（以下简称李译本）与2009年版《马克思恩格斯文集》中的《哥达纲领批判》版本[①]（以下简称文集本），对李春蕃译本进行译文解析。

一、译文校勘

（一）标题对照

	李译本	**文集本**
标题	哥达纲领批评	哥达纲领批判
序言	导言	恩格斯写的1891年版序言
前附1	致白拉克书	给威廉·白拉克的信
正文标题	德国劳动党纲领旁批	德国工人党纲领批注

李译本的标题“哥达纲领批评”不同于文集本的“哥达纲领批判”。“批评”更多强调指出错误的观点或意见，相对“批判”语义比较轻，而“批判”强调对错误的思想、理论进行系统的分析与否定，语义更重一些。

① 《马克思恩格斯文集》第三卷，人民出版社2009年版。

李译本“导言”与文集本“恩格斯写的1891年版序言”内容一致，李译本署名为“英格尔”，应该是当时对恩格斯的习惯译法。

李译本正文标题“德国劳动党纲领旁批”与文集本正文标题“德国工人党纲领批注”有所不同，“德国工人党”被译成了“德国劳动党”。工人党更加强调政党的阶段属性，即工人阶级为主的政党。劳动党强调劳动阶级的政党，劳动阶级的含义要广泛得多。

（二）《恩格斯写的1891年版序言》[①]对照

第1页[②]，李译本导言中缺少“请他转给盖布、奥尔、倍倍尔和李卜克内西过目，然后退还马克思”这一句，同时缺少“也许是最重要的——文件”这句话。此处意义重大，因为这既是恩格斯对《哥达纲领批判》的重要性的一个说明，也是恩格斯对在此时发表《哥达纲领批判》以批判机会主义的必要性的一个说明。

第2页，李译本导言中，将“地道的拉萨尔分子只是还有个别的残余势力存在在国外”，译成“德国现在没有真实的拉塞尔主义者”，“地道”译成“真实”，语义可以理解。“存在在国外”被译成“德国现在没有”，语义不同。

第3页，李译本导言中，将“他们也会把我们说成是这个纲领的秘密制定者”，译成“人家一定把我们看做哥达纲领草案底秘密的父亲”。“制定者”译成“父亲”，语义发生变化，但可以理解。

---

①《马克思恩格斯文集》第三卷，人民出版社2009年版，第423—424页。

②［德］马克思：《哥达纲领批评》，李春蕃译，解放丛书社1926年版。以下凡引此书，仅在文中标注页码。

（三）《给威廉·白拉克的信》[①]对照

第4页，李译本相较文集本，缺少“注意：手稿必须退还给您”这句标为黑体字的话，这是马克思予以强调的话。

第4页，缺少“这里指的是，在合并大会以后，恩格斯和我将要发表一个简短的声明，内容是：我们同上述原则性纲领毫不相干，同它没有任何关系”这一段话。

第4—5页，“……要我不仅为这个党的所有纲领等等负责，甚至要为李卜克内西自从和人民党合作以来所采取的每一个步骤负责”被译成“……把挨塞那哈党底所有纲领各物之责任，归在我一人身上”，没有“甚至要为李卜克内西自从和人民党合作以来所采取的每一个步骤负责”这句话。

第5页，文集本中“但是，制定一个原则性纲领（应该把这件事推迟到由较长时间的共同工作准备好了的时候），这就是在全世界面前树立起可供人们用来衡量党的运动水平的里程碑”，李译本译成“若要作一涉及原理的纲领——不等联合活动经过一定时期，才定纲领，做为联合活动的效果——即是在全世界之前，树起测量我党运动底范围的界石”。语义晦涩难懂，没有文集本译文通达。

第6页，“这就等于向那些本身需要援助的人无条件投降”，译成“而至于无条件降服于这比我们次得多的势力”，语义发生变化，应该是“那些本身需要援助的人”，而不是“这比我们次得多的势力”。

---

① 《马克思恩格斯文集》第三卷，人民出版社2009年版，第425—427页。

第6页，缺少“人们显然是想回避一切批评，不让自己的党有一个深思的机会”这句话。

第6页，文集本中“况且，撇开把拉萨尔的信条奉为神圣这一点不谈，这个纲领也是完全要不得的”，被译成“这纲领对拉塞尔派以外的人，完全是没有价值的”，意义完全不同，译法存在问题。

第6页，李译本中缺少“我将在最近把《资本论》法文版的最后几分册寄给您，排印工作因法国政府禁止而耽搁了很久。在本星期内或下星期初本书可以印完。前六分册您收到了没有？请把伯恩哈德贝克尔的地址也告诉我，我也要把最后几分册寄给他”。

（四）正文对照

【李译本】

在现代社会中，劳动机关为资本阶级所独占。所以，劳动阶级一定要依靠着资本阶级。劳动阶级之贫乏、之为人奴役，原因即在于他们不得不依靠资本阶级。（第13页）

【文集本】

在现代社会，劳动资料为资本家阶级所垄断；由此造成的工人阶级的依附性是一切形式的贫困和奴役的原因。[①]

①《马克思恩格斯文集》第三卷，人民出版社2009年版，第431页。

误将“劳动资料”译为“劳动机关”，意义有很大变化，意义上无法相通。“工人阶级”译为“劳动阶级”，意义没有太大变化，可以相通。“资本家阶级”译为“资本阶级”，含义略有不同，但是可以相通。其中“资本家阶级”强调与工人对立的资本家，而被译为“资本阶级”与“劳动阶级”缺少了对立性的意味。

【李译本】

总观全条，在外表上、内容上，都有许多缺点。然则为什么要采用？其目的完全是要以拉塞尔 Lassalle 派“劳动全收权”这口号为劳动党底标语。至于“劳动的生产品”、“平等的权利”这一类的话，后面还有引述，到彼处再说。（第 12 页）

【文集本】

实际上，把这整个行文和内容都不妥当的条文放在这里，只不过是为了把拉萨尔的“不折不扣的劳动所得”作为首要口号写在党的旗帜上。以后我还要回过来谈“劳动所得”、“平等的权利”等等，因为同样的东西在下面又以稍微不同的形式重复出现。[①]

其中，“不折不扣的劳动所得”被译为“劳动全收权”，没有体现得那么确切。“劳动所得”被译为“劳动的生产品”，意义发生变化，“劳

① 《马克思恩格斯文集》第三卷，人民出版社 2009 年版，第 430—431 页。

动所得”强调劳动归谁所有，而“劳动的生产品”没有强调劳动的归属问题。

【李译本】

但《共产党宣言》又说：“中等阶级若觉得自己将坠入无产阶级时，也会革命。”（第26页）

【文集本】

但是，《宣言》又补充说：“中间等级……是革命的，那是鉴于他们行将转入无产阶级的队伍。”[①]

其中，文集本中的“中间等级”被译为“中等阶级”，文集本中“鉴于他们行将转入无产阶级的队伍”被译为“觉得自己将坠入无产阶级时”，是一种被动的语态。文集本中认为中间等级是革命的，是一种主动的欢迎态度，而李译本中认为中等阶级因为会坠入无产阶级，因此不得不革命，是一种被动的无奈态度。

【李译本】

然生产与分配之关系，其实质早就既显且明，我们又何必再跟他们一样呢？（第24页）

① 《马克思恩格斯文集》第三卷，人民出版社2009年版，第437页。

【文集本】

既然真实的关系早已弄清楚了，为什么又要开倒车呢？[①]

其中，文集本中的“为什么又要开倒车呢？”鲜明地指出庸俗社会主义的做法是在开历史倒车，既有对其实质的评价，又有作者的立场与情绪表达。而李译本中“我们又何必再跟他们一样呢？”只包含有作者的立场与情绪表达，失却了对它的实质评判。

【李译本】

我们若要懂“公正的分配”这名词是什么意思，就应把第一条的话与第三条的话，对照一下。第三条说：“收劳动机关为社会共有财产，协同管理全社会的劳动；”而第一条说：“社会人人都有领有其劳动生产品底全部之平等的权利。”（第15页）

【文集本】

为了弄清楚“公平的分配”一语在这里是什么意思，我们必须把第一段和本段对照一下。本段设想的是这样一个社会，在那里“劳动资料是公共财产，总劳动是由集体调节的”，而在第一段我们则看到，“劳动所得应当不折不扣和按照平等的权利属于社会一切成员”。[②]

---

① 《马克思恩格斯文集》第三卷，人民出版社2009年版，第436页。

② 《马克思恩格斯文集》第三卷，人民出版社2009年版，第432页。

“劳动资料”译成了“劳动机关”，“劳动所得”译成了“劳动生产品”，“按照平等的权利”译成了“劳动生产品底全部之平等的权利”。

二、术语考释

（一）人名对照

李译本	文集本
英格尔	恩格斯
拉塞尔	拉萨尔
哈勒会议	哈雷会议
菲律时代	路易-菲力浦时代
步社	毕舍
该伯	盖布
伯伯尔	倍倍尔
李普克尼希	李卜克内西
葛拉德士吞	格莱斯顿
挨塞那哈党	爱森纳赫党
《北德报》	《北德新闻》

（二）专业术语对照

李译本	文集本
德国劳动党	德国工人党
无政府党	无政府主义
地主	土地所有者
资产者	资产阶级
民主党	民主主义
法国社会民主党	法国社会主义者
德谟克拉西（共和国）	民主（共和国）
空想的社会主义	庸俗的社会主义
掠夺	剥削
经济构造	经济结构
各尽所能，各取所需	各尽所能、按需分配
劳动的生产品	劳动所得
劳心、劳力	脑力劳动、体力劳动
封建贵族	封建主义
生产机关	生产条件
物的条件	物质条件
人的条件	人身条件
工人	劳动者
区别	对立
平民	人民大众

续表

李译本	文集本
劳动民众	劳动人民
国际工人协会	第一国际
法国共产团	巴黎公社
良心的自由	信仰自由
反革命的	反动的
资产阶级	有产阶级
分部政治	官僚制度
国家组织	国家制度
国际团体	国家体系
协作的劳动	集体的劳动
理论	逻辑

在上述术语翻译比较表格列举中，大致可以分为三类，一类是属于音译，意义不会有变化；一类是属于习惯译法，有的意义相近，有的意义会产生歧义；一类是误译，意义有重大差别。

第一类属于翻译中的“三不译”中的音译，意义相通，不会发生转变。

比如“恩格斯”被译成“英格尔”，“拉萨尔”被译成“拉塞尔”，“毕舍”被译成“步社”，“盖布”被译成“该伯”，“倍倍尔”被译成“伯伯尔”，“李卜克内西”被译成“李普克尼希”，等等。

比如“民主‘共和国’”被译成“德谟克拉西‘共和国’”，我们可以理解其含义，不会产生歧义。

第二类属于习惯译法，有的意义相近相通，有的意义发生较大转变。

1. 意义相近相通

比如“信仰自由”被译成“良心的自由”，“宗教信仰自由”被译成“良心的宗教的自由”，“免费诉讼”被译成“裁判免费”，“刑事诉讼”被译成“刑事的裁判”，“民事诉讼”被译成“民事的裁判”，“政府机器”被译成“政府机关”，“赋税”被译成“租税”，“财政改革派”被译成“金融改良者”等，意义可以相通互解，差异不大。

【李译本】

试以资本主义的生产制度为例。它底基础，为：生产底物的条件，在非工人——资本家和地主——底手里；而平民所有的，为生产底人的条件——劳动力。（第24页）

【文集本】

例如，资本主义生产方式的基础是：生产的物质条件以资本和地产的形式掌握在非劳动者手中，而人民大众所有的只是生产的人身条件，即劳动力。[①]

其中，“非劳动者”被译为“非工人”，“人民大众”被译为“平

① 《马克思恩格斯文集》第三卷，人民出版社2009年版，第436页。

民”,“资本和地产”被译为“资本家和地主”,意义相通,可以互解。

2. 意义发生较大转变

比如“劳动所得”被译为“劳动的生产品”,意义发生变化。“劳动所得”强调劳动归谁所有,即劳动产品归属问题,这是马克思主义劳动价值理论不可缺少的重要观点。“劳动的生产品”强调的是劳动的结果,并没有强调劳动的归属问题,语气比较弱。

比如“反动的”被译成“反革命的”,是当时一种习惯译法,认为“反动派”与“革命派”相对立,“反动的”就被理所当然地视为“反革命的”。

比如“集体的劳动”被译为“协作的劳动”,“集体的劳动”强调劳动的集体性、阶级性、社会性,而“协作的劳动”则强调劳动的合作性,失去了阶级性与社会性。

比如“剥削”被译成“掠夺”,为习惯译法且意义相近,但内涵却有很大差异。二者虽然都是占有别人的劳动成果,但也有不同。“掠夺”产生在交换者之间,例如生产者与生产者之间、行业与行业之间、地区与地区之间、国家与国家之间;“剥削”产生在雇主与雇工之间,例如奴隶主与奴隶之间、地主与雇农之间、资本家与工人之间、帝国与殖民地之间。“剥削”更强调阶级属性,体现阶级对抗与阶级差别。“掠夺”更强调暴力性、非法性。

第三类属于误译,意义会发生重大变化。

比如“资产阶级”被译成“有产阶级”,“资产阶级”是一种阶级划分,是带有明显阶级属性的词,而“有产阶级”仅是一种财产划分。这里的错误在于,误认为与“无产阶级”相对立的概念是“有产阶级”,

这实质上是根据有无财产进行的阶级划分，因此会将此译为“有产阶级”。在马克思主义理论范畴中，真正与“无产阶级”相对立的概念是“资产阶级”，这是根据阶级属性与阶级本质进行的划分，凸显的是无产阶级之所以是无产阶级，不仅在于没有资产，更在于被剥削与被压迫。而资产阶级之所以是资产阶级，不仅在于拥有资产，更在于占有了生产资料，剥夺了无产阶级的劳动成果。

比如“庸俗社会主义”被译成“空想社会主义”，含义完全不同。“庸俗社会主义”是19世纪30—40年代产生于法、英等国的一种小资产阶级社会主义。以法国的蒲鲁东、路易·勃朗，英国的威廉·汤普逊为其代表人物。蒲鲁东在其《什么是财产?》《贫困的哲学》和《社会问题的解决》等书中，全面阐述了这一反动思潮。而“空想社会主义”又称乌托邦社会主义，是产生于资本主义生产状况和阶级状况尚未成熟时期的一种社会主义学说，现代社会主义思想的来源之一。空想社会主义者相信在不久的将来可以建立理想的意识形态社会，并为之不懈努力奋斗。这种学说最早见于16世纪托马斯·莫尔的《乌托邦》一书，盛行于19世纪初期的西欧。

“封建主义”被译成“封建贵族”，意义相去很远，造成理解偏差。

三、观点疏正

按照类别将《哥达纲领批判》李春蕃译本与2009年版《马克思恩格斯文集》中的《哥达纲领批判》相对应的，但译法明显不同的译文，以及部分错漏之处，一一进行对比点校。

（一）第一类意义比较。2009年版《马克思恩格斯文集》语意更贴切文章本意，更符合作者原意

【李译本】

资产阶级好称劳动具有超乎天然的创造力。这是什么缘故呢？因劳动虽具有超乎天然的创造力，但一定要凭借天然，才能有为。劳动既然是靠着天然，那么，除自己的劳动力之外别的东西一点都没有的人，不论社会和文明在哪种状态，总是要为拥有物质的材料——劳动若没有这些材料就不能——的人之奴隶。（第8页）

【文集本】

资产者有很充分的理由硬给劳动加上一种超自然的创造力，因为正是由于劳动的自然制约性产生出如下的情况：一个除自己的劳动力以外没有任何其他财产的人，在任何社会的和文化的状态中，都不得不为另一些已经成了劳动的物质条件的所有者的人做奴隶。①

文集本中“资产者有很充分的理由硬给劳动加上”要比“资产阶级好称劳动具有”语气更加强烈。“已经成了劳动的物质条件的所有者”

---

①《马克思恩格斯文集》第三卷，人民出版社2009年版，第428页。

要比“拥有物质的材料——劳动若没有这些材料就不能”更加准确，意义更加清楚。另外，就是将“资产者”译成了“资产阶级”，二词差别非常大，前者是指的个体，后者指的阶级。

【李译本】

第三，将其结论研究一下：“且因单在社会内和单依社会，人才能做有用的工作，所以，社会人人都有领有其劳动生产品底全部之平等的权利。”（第10页）

【文集本】

第三，结论：“而因为有益的劳动只有在社会中和通过社会才是可能的，所以劳动所得应当不折不扣和按照平等的权利属于社会一切成员。”①

显然，文集本语句更加顺畅易懂，便于理解。而李译本语句易产生歧义。

【李译本】

拥护现代社会制度的人，就常这样主张。（第11页）

① 《马克思恩格斯文集》第三卷，人民出版社2009年版，第429页。

【文集本】

事实上，这个论点在一切时代都被当时的社会制度的先驱提出过。[①]

首先，文集本译为“先驱”，带有明显的讽刺意味；在李译本中译为“人”，已经失去了讽刺意味。

【李译本】

这是历史底千古不变的法则。所以，与其空说一般的劳动怎样、一般的社会怎样，则不如分分明明地证明现代资本主义社会中，怎样终局要发生出许多物质的条件及其他条件，使工人能有所借口来咒诅现代社会，且使工人不得不咒诅现代社会。(第12页)

【文集本】

这是直到目前的全部历史的规律。因此，不应当泛泛地谈论“劳动”和“社会”，而应当在这里清楚地证明，在现今的资本主义社会中怎样最终创造了物质的和其他的条件，使工人能够并且不得不铲除这个历史祸害。[②]

首先，李译本没有将“劳动”与“社会”加上黑体，另外，文集本

① 《马克思恩格斯文集》第三卷，人民出版社2009年版，第430页。
② 《马克思恩格斯文集》第三卷，人民出版社2009年版，第430页。

中“铲除”要比“咒诅”语气更强，而且“铲除”更带有行动意味，“咒诅”更带有口头咒骂的意味。

【李译本】

3.“谋劳动之解放，最要是：收劳动机关为社会共有财产，协同管理全社会的劳动，公正分配劳动底生产品。”(第14页)

【文集本】

3.“劳动的解放要求把劳动资料提高为社会的公共财产，要求集体调节总劳动并公平分配劳动所得。”[①]

相比较而言，文集本译文的语意更为清楚，逻辑更为顺畅。李译本将“劳动资料”误译为“劳动机关”，“总劳动”误译为“全社会的劳动”，意义有差异，“总劳动”并不是“全社会的劳动”，马克思强调的“总劳动”是在与“私人劳动”相对立的意义上讲的。

【李译本】

经济的条件，为立法的条件所支配呢？抑立法的条件，为经济的条件底结果呢？(第14—15页)

① 《马克思恩格斯文集》第三卷，人民出版社2009年版，第431页。

【文集本】

难道经济关系是由法的概念来调节，而不是相反，从经济关系中产生出法的关系吗？①

原文强调经济关系是由法的概念来调节而不是相反，而李译本则没有这种强调，“经济的条件，为立法的条件所支配呢?”与“抑立法的条件，为经济的条件底结果呢?”是并列关系，失去了强调的意味。

【李译本】

这社会的生产品，应拿出一部分来：第一，修补生产机关。第二，扩张生产。第三，准备为天灾地祸扰及生产时之用。(第16页)

【文集本】

现在从它里面应当扣除：第一，用来补偿消耗掉的生产资料的部分。第二，用来扩大生产的追加部分。第三，用来应付不幸事故、自然灾害等的后备基金或保险基金。②

显然，文集本表达更为清晰、透彻，易于理解。“生产资料”被误译为“生产机关”，“用来扩大生产的追加部分”中的“追加部分”没有译出，“用来应付不幸事故、自然灾害等的后备基金或保险基金”中的

①《马克思恩格斯文集》第三卷，人民出版社2009年版，第432页。

②《马克思恩格斯文集》第三卷，人民出版社2009年版，第432页。

“后备基金或保险基金”没有译出，过于简略。

【李译本】

我对于“劳动生产品之全部”、“平等的权利”、和“公正的分配”说了这许多话，目的是要指出：第一，强以过时的、毫无意义的学说，为我党之信条；第二，图拔除去坚植于我党党员底脑子中的现实观念，而代以权利、平等这一类的空想；（权利、平等，都是民主党和法国社会民主党所最喜欢说的。）——都是何等没有意义。（第23页）

【文集本】

我较为详细地一方面谈到“不折不扣的劳动所得”，另一方面谈到“平等的权利”和“公平的分配”，是为了指出这些人犯了多么大的罪，他们一方面企图把那些在某个时期曾经有一些意义，而现在已变成陈词滥调的见解作为教条重新强加于我们党，另一方面又用民主主义者和法国社会主义者所惯用的、凭空想象的关于权利等等的废话，来歪曲那些花费了很大力量才灌输给党而现在已在党内扎了根的现实主义观点。①

其中，文集本强调目的是“是为了指出这些人犯了多么大的罪”，而李译本译文则指出其目的是“目的是要指出……都是何等没有意

① 《马克思恩格斯文集》第三卷，人民出版社2009年版，第436页。

义”，文集本语气更为强烈，并且直接指出这是一种“多么大的罪”。另外，文集本译法较李译本在逻辑上更为顺畅、清晰，理解起来更清楚。“民主主义”被译为“民主党”、“法国社会主义者”被译为“法国社会民主党”，意义可以理解。

【李译本】

5.“劳动阶级应先在现代国家之范围内努力活动，以谋自己的解放。各文明国底工人，都这样努力。同时，觉出这种努力底必然的效果，一定为世界人类底亲爱。”（第27页）

【文集本】

5.“工人阶级为了本身的解放，首先是在现代民族国家的范围内进行活动，同时意识到，它的为一切文明国家的工人所共有的那种努力必然产生的结果，将是各民族的国际的兄弟联合。”①

文集本译文要比李译本译文更加顺畅，文意更加鲜明。

【李译本】

——拉塞尔显然是不知劳动底工钱，实为何物，唯跟着资产阶级的经济学者，把工钱底外表，当做工钱底实质。（第

① 《马克思恩格斯文集》第三卷，人民出版社2009年版，第438页。

33页）

【文集本】

拉萨尔并不懂得什么是工资，而是跟着资产阶级经济学家把事物的外表当做事物的本质。[①]

文集本中已经将拉萨尔的错误上升到“把事物的外表当做事物的本质”；李译本译文将拉塞尔的错误停留在“把工钱底外表，当做工钱底实质”，并没有上升到事物的本质层面，仅停留在就事论事上。

【李译本】

我党底代表，定出来的妥协的纲领，主张竟与党员一般的意见，相离极大。真不知他们在起草的时候，是怎样轻浮的？（第34页）

【文集本】

我们党的代表们竟如此粗暴地践踏这个在党员群众中广泛传播的见解，仅仅这一事实岂不就证明了他们在草拟妥协纲领时是多么令人不能容忍地轻率，多么无耻！[②]

文集本中“如此粗暴地践踏”要比李译本中“相离极大”更有说服

① 《马克思恩格斯文集》第三卷，人民出版社2009年版，第441页。
② 《马克思恩格斯文集》第三卷，人民出版社2009年版，第442页。

力，语气更强烈，态度更鲜明。而且，“多么令人不能容忍”与“多么无耻”并没有译出来，属于漏译，李译本译文没有正确完全地反映作者本意。

【李译本】

我们说工人要把协作的生产底条件，创立在社会的基础上，和先在国家的基础上；是谓他们努力改变现代的生产制度，决没有一点同于由国家资助设办合作社为基础。就将现在合作社来说，其所以有价值，是因它们纯粹为劳动阶级所独自创造，而不是因其为政府所保障、受资产阶级所爱护。（第36—37页）

【文集本】

如果说工人们想要在社会的范围内，首先是在本国的范围内创造合作生产的条件，这只是表明，他们力争变革现存的生产条件，而这同靠国家帮助建立合作社毫无共同之处！至于现有的合作社，它们只是在工人自己独立创办，既不受政府保护，也不受资产者保护的情况下，才有价值。①

其中，文集本译文相较李译本译文，更为通俗易懂，逻辑清晰。

---

①《马克思恩格斯文集》第三卷，人民出版社2009年版，第443页。

【李译本】

有些人视德谟克拉西共和国，为人类底黄金时代，而从没有认识阶级战斗只在此种资产阶级社会在政治上的最终形式中才作最后的决战。就是这种陈腐的德谟克拉西，比那不跳出警察统治这圈子的、在理论上为不可能的、德谟克拉西，已高出万万了。（第41—42页）

【文集本】

庸俗民主派把民主共和国看做千年王国，他们完全没有想到，正是在资产阶级社会的这个最后的国家形式里阶级斗争要进行最后的决战，——就连这样的庸俗民主派也比这种局限于为警察所容许而为逻辑所不容许的范围内的民主主义高明得多。①

与文集本译文相对照，李译本译文没有将主语“庸俗民主派”译出来，“阶级斗争”译成“阶级战斗”。“庸俗民主派”专业术语译成“陈腐的德谟克拉西”，意义可以相通互解。“逻辑”译成“理论”，意义可以相通互解。“民主主义”专业术语译成“德谟克拉西”，意义无法相通互解。

① 《马克思恩格斯文集》第三卷，人民出版社2009年版，第446页。

（二）第二类属于误译，意义发生重大转变，失去或歪曲其本意

【李译本】

一切财富之源，不单是劳动。（第7页）

【文集本】

劳动不是一切财富的源泉。[①]

意义完全相反，马克思强调劳动不是一切财富的源泉。

【李译本】

儿童的读本，都有劳动是一切财富之源这么一句话。这句话若是说“要有适当的材料和手段才能工作”这意思是没有写出来，留待人自己去领会，那么还对。（第7—8页）

【文集本】

上面那句话在一切儿童识字课本里都可以找到，并且在劳动具备相应的对象和资料的前提下是正确的。[②]

① 《马克思恩格斯文集》第三卷，人民出版社2009年版，第428页。

② 《马克思恩格斯文集》第三卷，人民出版社2009年版，第428页。

李译本意思没有表达清楚，没有突显出“在……前提下”的强调点。李译本对后面的话的意思完全领悟错了。

【李译本】

但社会党底纲领，不应用这种资产阶级的语法；不应毫不提及那句话底意义所依的条件。(第8页)

【文集本】

可是，一个社会主义的纲领不应当容许这种资产阶级的说法回避那些唯一使这种说法具有意义的条件。①

这里面有两个被误译的地方，其中之一就是将“社会主义”译成了“社会党”，二者有着本质的差别，而且马克思就是要反对“社会党”那种貌似社会主义的本质。其中之二就是原文是不容许“这种资产阶级的说法回避那些唯一使这种说法具有意义的条件”。在这里，“资产阶级的说法”是主语，“回避”是谓语，“条件”是宾语。而被译为“不应用这种资产阶级的语法；不应毫不提及那句话底意义所依的条件”，显见，是将“资产阶级的语法”与“条件”并列起来，是互不相关的两个主语，意义发生重大变化。另外，就是李译本译文没有将“唯一”二字译出来，马克思本意是强调“条件”的独特性，而且加了黑体以示强调。

①《马克思恩格斯文集》第三卷，人民出版社2009年版，第428页。

【李译本】

无产的人，只能工作，所以，只能过痛苦的生活。（第8页）

【文集本】

他只有得到他们的允许才能劳动，因而只有得到他们的允许才能生存。[①]

李译本这句话没有体现出来他们被迫劳动的这层意思，重心放在无产所以只能过痛苦的生活，其意在于突出他的“无产”，而不是得到“允许”，重点发生偏移。

【李译本】

但是，计算时一定丝毫没有“公正”这观念。（第17页）

【文集本】

但是这些扣除无论如何根据公平原则是无法计算的。[②]

文集本译文突出了公平原则无法计算出扣除多少，李译本译文突出了公平原则与此无关，含义发生较大变化。

① 《马克思恩格斯文集》第三卷，人民出版社2009年版，第428页。

② 《马克思恩格斯文集》第三卷，人民出版社2009年版，第433页。

【李译本】

第一，管理底一般用费——不属于生产工作所必需的直接用费。所费比现代社会来得少，且随着新社会之发展而继续减少。（第17页）

【文集本】

第一，同生产没有直接关系的一般管理费用。同现代社会比起来，这一部分一开始就会极为显著地缩减，并随着新社会的发展而日益减少。①

文集本译文比李译本译文更加通俗易懂。李译本译文遗漏黑体，失去强化意味。李译本译文没有“直接”一词，意义失去强烈效果。同样接续的下文中的第二条、第三条原文“第二条，用来满足共同需要的部分”“第三条，为丧失劳动能力的人等等设立的基金”都有黑体加强，李译本中也遗漏黑体。

【李译本】

生产者底劳动生产品，有一部分被拿去为社会公共之用。虽然从社会直接或间接取偿回来，但“劳动生产品底全部”已显然减为“劳动生产品之一部”了。（第18页）

① 《马克思恩格斯文集》第三卷，人民出版社2009年版，第433页。

【文集本】

"不折不扣的劳动所得"已经不知不觉地变成"有折有扣的"了，虽然从一个处于私人地位的生产者身上扣除的一切，又会直接或间接地用来为处于社会成员地位的这个生产者谋利益。①

首先"不知不觉"被译成"显然"，"有折有扣"被译成"劳动生产品之一部"，"为处于社会成员地位的这个生产者谋利益"被译成"被拿去为社会公共之用"，含义发生明显改变。

【李译本】

"现代国家""现代社会"这二个名词，都被误用。但更大的错误，是它对于国家——纲领对国家有好多要求——之观察。（第38页）

【文集本】

而且纲领还荒谬地滥用了"现代国家"、"现代社会"等字眼，甚至更荒谬地误解了向之提出自己要求的那个国家！②

其中，文集本中的"荒谬地滥用"被译成"误用"，含义明显发生变化。相比较文集本中译文，"甚至更荒谬地误解了向之提出自己要求

①《马克思恩格斯文集》第三卷，人民出版社2009年版，第433页。

②《马克思恩格斯文集》第三卷，人民出版社2009年版，第444页。

的那个国家！”被译成“但更大的错误，是它对于国家——纲领对国家有好多要求——之观察”，李译本中译文存在着很大的误译，意义发生较大偏差，应该是向纲领提出要求，而不是纲领向国家提出要求。

【李译本】

资本主义社会与共产主义社会之间，有一从前者推移到后者之革命的变革底时期。政治上也跟着有这样的过渡时期。在这过渡时期的国家，只能为无产阶级底革命的独裁制。（第40页）

【文集本】

在资本主义社会和共产主义社会之间，有一个从前者变为后者的革命转变时期。同这个时期相适应的也有一个政治上的过渡时期，这个时期的国家只能是无产阶级的革命专政。①

其中，“有一个从前者变为后者的革命转变时期”被误译为“有一从前者推移到后者之革命的变革底时期”，“革命转变”不是单纯的“变革”。其中，“无产阶级的革命专政”被误译为“无产阶级底革命的独裁制”，“专政”译成“独裁制”，二者含义从根本上完全不同。李译本没有理解无产阶级专政的特定含义，无产阶级专政不等于无产阶级独裁制。

① 《马克思恩格斯文集》第三卷，人民出版社2009年版，第445页。

【李译本】

法国工人，在菲律和拿破仑第三Louis Napoleon专制政治之下，要求德谟克拉西共和国，结果如何，我们是看得出的。所以，要求时应十分小心。有许多东西，在德谟克拉西共和国中才能求得到；那么，最好不要对一军阀专制政治——为警察所护卫、分部政治所合成；虽还剩有封建混合物，但已为资产阶级势力所转移，为议会制度所掩饰——的国家，假提出这些要求。（第41页）

【文集本】

既然他们没有勇气像法国工人纲领在路易-菲力浦和路易-拿破仑时代那样要求民主共和国——而这是明智的，因为形势要求小心谨慎——，那就不应当采取这个既不“诚实”也不体面的手法：居然向一个以议会形式粉饰门面、混杂着封建残余、同时已经受到资产阶级影响、按官僚制度组成、以警察来保护的军事专制国家，要求只有在民主共和国里才有意义的东西，并且还向这个国家庄严地保证，他们认为能够“用合法手段”从它那里争得这类东西！[①]

其中，“官僚制度”被译成“分部政治”，专用术语译法错误。“封

① 《马克思恩格斯文集》第三卷，人民出版社2009年版，第445—446页。

建残余”被译成“封建混合物”，“残余”带有讽刺意味，而“混合物”的译法失去了强化的语气。“军事专制国家”被译成“军阀专制政治”，意义没有太大变化，但是军事专制与军阀专制是根本不同的。其中“既然没有勇气”“既不‘诚实’也不体面”没有译出来。

【李译本】

租税只为政府机关底经济的基础，而不能为国家底经济的基础。（第42页）

【文集本】

赋税是政府机器的经济的基础，而不是其他任何东西的经济的基础。[①]

在这里，“其他任何东西的经济的基础”被译成“国家底经济的基础”，意义发生变化。文集本中译文是强调包括国家在内的其余任何东西，李译本中译文只表达了国家层面。

【李译本】

此种要求，是否要资产阶级诉讼之费用，也由公家付出？（第44页）

① 《马克思恩格斯文集》第三卷，人民出版社2009年版，第446页。

【文集本】

难道他们应当用人民的金钱来打官司吗？①

此处，“人民的金钱”与“由公家付出”相比较，意义相通，但在内涵方面却有着很大的不同。文集本中译文是将“有产阶级”与“人民的金钱”对立起来探讨，突显人民的地位低下。而李译本中译文是将“资产阶级”与“公家”对应起来，二者之间并不存在彼此对立的意味，而且人民与公家的阶级内涵差异较大。

（三）第三类属于漏译，意义因此发生遗漏或转变。

【李译本】

劳动是一切财富和一切文明之源；且因单在社会内和单依社会，人才能做有用的工作，所以，社会中人人都有领有其劳动生产品底全部之平等的权利。（第7页）

【文集本】

劳动是一切财富和一切文化的源泉，而因为有益的劳动只有在社会中和通过社会才是可能的，所以劳动所得应当不折不扣和按照平等的权利属于社会一切成员。②

---

①《马克思恩格斯文集》第三卷，人民出版社2009年版，第447页。

②《马克思恩格斯文集》第三卷，人民出版社2009年版，第428页。

其中“劳动所得应当不折不扣”含义深远，而在李译本译文中并没有将它译出，失去了它的内涵。

【李译本】

人要有了天然——一切劳动底工具、和一切劳动底材料之初源，——他底劳动，才生产出使用价值——即是财富。（第8页）

【文集本】

只有一个人一开始就以所有者的身份来对待自然界这个一切劳动资料和劳动对象的第一源泉，把自然界当做属于他的东西来处置，他的劳动才成为使用价值的源泉，因而也成为财富的源泉。①

其中，李译本中译文漏译了“把自然界当做属于他的东西来处置”这句话，马克思强调正是人“以所有者的身份来对待自然界”，并且“把自然界当做属于他的东西来处置”，劳动才成为使用价值的源泉。

【文集本】

“把劳动资料提高为公共财产”！应当是说把它们“变为公共财产”。这不过是顺便提一句罢了。②

①《马克思恩格斯文集》第三卷，人民出版社2009年版，第428页。
②《马克思恩格斯文集》第三卷，人民出版社2009年版，第431页。

这一句话，在李译本译文中属于漏译的部分，而这句话深刻地表明了马克思认为那些人“‘把劳动资料提高为公共财产’！应当是说把它们‘变为公共财产’”的态度，那就是“这不过是顺便提一句罢了”，揭露这些人只是虚伪地欺骗而已。遗漏此处译文，会造成后文理解上的欠缺。（第14页）

【李译本】

抑是劳动所添加的价值呢？（第14页）

【文集本】

或者只是劳动新加在消耗掉的生产资料的价值上的那部分价值？[①]

中间漏译了“新加在消耗掉的生产资料的价值上的”这个定语，使得语意处理得过于简单化了，失去了马克思所要表达的那部分“新加在消耗掉的生产资料的价值上的”价值这个特殊的限定。

【李译本】

把他们都一律视为简单的工人。别的品质，一概不管。（第22页）

---

① 《马克思恩格斯文集》第三卷，人民出版社2009年版，第431—432页。

【文集本】

例如在现在所讲的这个场合，把他们只当做劳动者，再不把他们看做别的什么，把其他一切都撇开了。[①]

李译本相较文集本，遗漏了“例如在现在所讲的这个场合”这句话，另外，文集本中“只当做劳动者”有黑体标注，李译本没有黑体标注。李译本中“别的品质，一概不管”没有文集本中“再不把他们看做别的什么，把其他一切都撇开了”这句译文意思表达清楚，而且李译本更容易产生歧义。

【李译本】

往下又再硬加上拉塞尔式的话；此种话断然不会不合俾斯麦的。……（第27页）

【文集本】

此外，在上面这一段，他的格言是勉强塞进去的，它同那句从国际章程中摘来但被歪曲了的引语毫不相干。这纯粹是一种狂妄无耻的做法，而且绝对不是俾斯麦先生所不喜欢的，这是柏林的马拉所干的廉价的蛮横行径之一。[②]

---

① 《马克思恩格斯文集》第三卷，人民出版社2009年版，第431—432页。

② 《马克思恩格斯文集》第三卷，人民出版社2009年版，第438页。

李译本译文中缺失了“它同那句从国际章程中摘来但被歪曲了的引语毫不相干。这纯粹是一种狂妄无耻的做法，而且绝对不是俾斯麦先生所不喜欢的，这是柏林的马拉所干的廉价的蛮横行径之一”这一大段译文，属于漏译部分，极大地影响了本意的表达。

【李译本】

拉塞尔从最狭小的国家主义的立足点去考虑劳动运动。这实与《共产党宣言》及以前的社会主义相违。(第27页)

【文集本】

同《共产党宣言》和先前的一切社会主义相反，拉萨尔从最狭隘的民族观点来理解工人运动。有人竟在这方面追随他，而且这是在国际进行活动以后！[①]

李译本译文缺少了“有人竟在这方面追随他，而且这是在国际进行活动以后!”这句话，属于漏译部分，会影响到对原意的理解。

【李译本】

至于德国劳动党在国际上的任务，却一字不提！这就是德国劳动党攻击本国的资产阶级和俾斯麦底国际阴谋政策所采取的态度！(第28—29页)

---

① 《马克思恩格斯文集》第三卷，人民出版社2009年版，第438页。

【文集本】

这样，关于德国工人阶级的国际职责竟一字不提！德国工人阶级竟然应当这样去对付为反对它而已经同其他一切国家的资产者实现兄弟联合的本国资产阶级，对付俾斯麦先生的国际阴谋政策！①

文集本中对“本国资产阶级”的本质有详尽而深刻的描述，即“为反对它而已经同其他一切国家的资产者实现兄弟联合的本国资产阶级”，李译本中失去这些对本国资产阶级的修饰描述语言。而且，文集本中译文“关于”与“国际职责”都有黑体标注，在李译本中没有这些黑体标注。

【李译本】

所以，资本主义的生产制度，全部靠着扩大这种无报酬的工作。扩大的方法，或为延长工作时间，或为增加生产力。(第32—33页)

【文集本】

整个资本主义生产体系的中心问题，就是用延长工作日，或者提高生产率，增强劳动力的紧张程度等等办法，来增加这

① 《马克思恩格斯文集》第三卷，人民出版社2009年版，第439页。

个无偿劳动。[①]

李译本译文中缺失了“增强劳动力的紧张程度”这句话，属于漏译部分，意思不完整。

【李译本】

在“工钱铁则”之后，就跟着这先知者拉塞尔底万应药！不说：“现代阶级战斗”，而说为“社会问题”。又“谋”“社会问题”之“解决”。（第35页）

【文集本】

在拉萨尔的“铁的工资规律”之后，就是这个先知提出的救世良方！“道路”确实“开辟”得不错！现存的阶级斗争被换上了拙劣的报刊作家的空话——要“开辟道路”来“解决”的“社会问题”。[②]

其中，文集本译文相较李译本译文，逻辑更为顺畅，更易于理解。李译本译文中漏译了“‘道路’确实‘开辟’得不错！”这句话，其中饱含作者的嘲讽之意。李译本译文丢掉了作者这层含义。

① 《马克思恩格斯文集》第三卷，人民出版社2009年版，第441页。

② 《马克思恩格斯文集》第三卷，人民出版社2009年版，第442页。

【李译本】

在菲律Louis Phillippe时代，步社Buchez起草了一个实现社会主义的方案，与法国社会主义者一般的愿望是大相反的，但被那些办工场L'Atelier的反动的工人所采用。这里用不着来批评它。且我们所最反对的，不在于纲领采进了这一万应药；而在于一普遍的错误，即：从阶级运动底立足点，退至分派运动底立足点。（第36页）

【文集本】

在这里深入批判毕舍在路易-菲力浦时代为了对付法国社会主义者而开列的、被《工场》派的反动工人所采用的药方，那是多余的。主要的过失不在于把这个特殊的万灵药方写入了纲领，而在于从阶级运动的立场完全退到宗派运动的立场。①

其中，李译本译文没有译出毕舍的药方是“为了对付法国社会主义者而开列的、被《工场》派的反动工人所采用的药方”，李译本将此句译为“与法国社会主义者一般的愿望是大相反的”，意义发生很大变化。文集本中原文“在这里深入批判……是多余的”这句话明确地表达了作者的立场，李译本译文遗漏了此句，没有明确作者的意图。

① 《马克思恩格斯文集》第三卷，人民出版社2009年版，第443页。

【李译本】

但“现代国家”却就一国一国不同。所以，“现代国家”是一杜撰的话。（第38—39页）

【文集本】

“现代国家”却随国境而异。它在普鲁士德意志帝国同在瑞士不一样，在英国同在美国不一样。所以，“现代国家”是一种虚构。[①]

其中，文集本中特别强化了“它在普鲁士德意志帝国同在瑞士不一样，在英国同在美国不一样”，有特指含义。李译本中译文相较文集本却是泛指含义，没有译出普鲁士德意志帝国、瑞士、英国、美国等词语。“虚构”译成“杜撰”含义发生变化。

【李译本】

且德国的国家，反应受人民之教呢。（第45页）

【文集本】

在普鲁士德意志帝国（他们会说，他们谈的是“未来国家”，但是这种空洞的遁词也无济于事；我们已经看到，这是怎样一回事了），倒是需要由人民对国家进行极严厉的教育。[②]

---

①《马克思恩格斯文集》第三卷，人民出版社2009年版，第444页。

②《马克思恩格斯文集》第三卷，人民出版社2009年版，第447页。

相较文集本中译文，李译本中译文将括号里的内容全部省略掉，括号里的内容是对普鲁士德意志帝国进行的深刻剖析，清晰地指明了普鲁士德意志帝国的空洞说辞，有助于我们了解其虚伪性。

结语

《哥达纲领批判》作为继《共产党宣言》之后国际共产主义运动又一部纲领性文献，虽然成文于1875年，却由于种种原因并没有在马克思生前发表。1891年1月，恩格斯将《哥达纲领批判》首次发表在《新时代》杂志第一卷第18期上，而后这部著作迅速成为国际共产主义运动的行动纲领，被译成多种文字并在世界各地广泛传播。

《哥达纲领批判》介绍到中国起步于19世纪末20世纪初。从目前可考证的资料来看，清末民初时期已经开始零星介绍《哥达纲领批判》。1900年的《译书汇编》杂志就曾转译日本有贺长雄《近世政治史》一文，其中有对1875年爱森纳赫派与拉萨尔派合并及合并前后的介绍。

五四时期、中国共产党成立前后，李大钊、林云陔、蔡和森、陈独秀、施存统、吕一鸣等先进知识分子、革命家在国内对《哥达纲领批判》进行摘译、介绍传播。其中施存统在上海《民国日报》副刊《觉悟》、《新青年》、《东方杂志》等进步刊物译介河上肇《马克斯主义上所谓“过渡期”》《马克思底理想及其实现地过程》等文章，这些文章中都有大量《哥达纲领批判》的内容介绍。

中国共产党成立后，马列经典著作的翻译与传播工作进入了一个崭新的时期。从1922年至1940年，曾一度出现了译介《哥达纲领批判》全译本的热潮。《哥达纲领批判》版本众多，体例也不尽相同。主要有熊得山、李达、彭学霈、柯柏年（李春蕃）、李一氓、何思敬、徐冰等人的《哥达纲领批判》全译本。1925年8月，李春蕃开始结合3个英译本日夜赶译，而后寄到上海解放丛书社，并且自费印刷。这是已出版的几种译本中最完整的一本，而且也是公认的最好的《哥达纲领批判》译本，也是李春蕃众多译作中在国内流传最广的一部。一经问世便立即成为学习马克思主义的早期读本，有效地扩大了马克思主义在中国传播的基础。

改革开放以后，马列经典著作的编译重新受到重视，如1995年版《马克思恩格斯选集》第三卷、2009年版《马克思恩格斯文集》第三卷、2012年版《马克思恩格斯选集》第三卷，均对《哥达纲领批判》有所收录，这些都为研究《哥达纲领批判》提供了丰富的文献支撑，拓展了研究的空间。

《哥达纲领批判》之所以在中国获得广泛传播，是因为它与中国革命、建设和改革开放各时期的社会现状密切相关。

首先，在新文化运动时期以及大革命时期，面对着各种社会思潮风起云涌，中国革命的长期历史经验证明，只有马克思主义才能救中国，因此译介马克思主义经典文献成为时代必需。而《哥达纲领批判》始终在马克思主义经典文献中居于重要地位。李春蕃译本的出版发行给大革命时期的中国共产党以强有力的理论指导，《哥达纲领批判》中有关马克思主义理论的学说得到了进一步普及，同时也标志着马克思主义在中国的传播进入了一个崭新的阶段。《哥达纲领批判》给大革命中的中国共产党人提供了斗争策略，中国共产党开始总结经验和教训，提出了无产阶级领导的、人民大众的、反帝反封建的新民主主义革命思想。

其次，新中国成立后，党中央更是重视马列经典著作的翻译工作，开始有系统、有计划地翻译出版马克思恩格斯列宁斯大林全部著作，

《哥达纲领批判》也在这一时期被全文刊印。无产阶级革命和无产阶级专政学说，共产主义社会发展的两个阶段学说对于中国社会主义建设起到了关键的指导作用。

再次，进入改革开放以来，中国特色社会主义市场经济有关问题迫切需要从理论上得到说明，《哥达纲领批判》中的平等观、自由观、分配正义观研究再次受到学界重点关注。中国特色社会主义进入了新时代，是我国发展新的历史阶段，这也要求有关《哥达纲领批判》的研究进入到一个更高层次。由《哥达纲领批判》开启的马克思主义政治哲学研究，更是确证马克思主义政治哲学与自由主义、社群主义、保守主义政治哲学根本区别所在。

参考文献

[1] 马克思恩格斯文集：第1—10卷 [M]. 北京：人民出版社，2009.

[2] 马克思恩格斯选集：第1—4卷 [M]. 北京：人民出版社，2012.

[3] 毛泽东选集：第1—4卷 [M]. 北京：人民出版社，1991.

[4] [德] 马克斯. 哥达纲领批评 [M]. 李春蕃，译. 上海：解放丛书社，1925.

[5] [德] 马克思. 哥达纲领批判 [M]. 何思敬，徐冰，译. 延安：解放社，1939.

[6] [德] 马克思. 哥达纲领批判 [M]. 何思敬，徐冰，译. 延安：解放社，1949.

[7] [德] 马克思，恩格斯. 哥达纲领批判 [M]. 成仿吾小组，校译. 北京：中共中央党校，1978.

[8] 北京图书馆马列著作研究室. 马克思恩格斯著作中译文综录 [M]. 北京：书目文献出版社，1988.

[9] “学习”杂志编辑部资料室. 马克思、恩格斯、列宁、斯大林著作中译文简目 [M]. 北京：学习杂志社，1957.

[10] 斯大林论列宁主义基础 [M]. 北京：人民出版社，1959.

［11］北京图书馆中文编目组. 马克思、恩格斯、列宁、斯大林著作中译本联合目录初稿：列宁著作第二册［M］. 油印本，1955.

［12］中共中央马克思恩格斯列宁斯大林著作编译局马恩室. 马克思恩格斯著作在中国的传播［M］. 北京：人民出版社，1983.

［13］中共中央马克思恩格斯列宁斯大林著作编译局研究室. 五四时期期刊介绍：第1—3集［M］. 北京：生活·读书·新知三联书店，1979.

［14］王东，陈有进，贾向云. 马列著作在中国出版简史［M］. 福州：福建人民出版社，2009.

［15］中共中央党校. 马列著作毛泽东著作选读［M］. 北京：人民出版社，1978.

［16］中共中央马克思恩格斯列宁斯大林著作编译局. 马克思恩格斯列宁斯大林论巴黎公社［M］. 北京：人民出版社，1961.

［17］北京图书馆. 列宁著作在中国：1919—1992年文献调研报告［M］. 北京：书目文献出版社，1995.

［18］人民出版社马列著作编辑室. 马克思恩格斯列宁斯大林著作中文本书目、版本、简介：1950—1983［M］. 北京：人民出版社，1985.

［19］北京图书馆善本组. 北京图书馆藏革命历史文献简目［M］. 北京：书目文献出版社，1984.

［20］沈文冲. 民国书刊鉴藏录续集［M］. 上海：上海远东出版社，2010.

［21］李思慎. 李立三红色传奇：上下卷［M］. 北京：中国工人出

版社，2004.

［22］上海市出版工作者协会《出版史料》编辑组．出版史料：第二辑［M］．上海：学林出版社，1983.

［23］王仿子．出版生涯七十年［M］．上海：上海百家出版社，2010.

［24］姜义华．社会主义学说在中国的初期传播［M］．上海：复旦大学出版社，1984.

［25］金观涛，刘青峰．观念史研究：中国现代重要政治术语的形成［M］．北京：法律出版社，2012.

［26］鲜明．晚清首部国人译介的社会主义著作的翻译史考察［M］．北京：中央编译出版社，2016.

［27］蒙木桂．《哥达纲领批判》导读［M］．北京：中国民主法制出版社，2017.

［28］白雪秋．《哥达纲领批判》精学导读［M］．北京：科学出版社，2020.

［29］李双套．《哥达纲领批判》导读［M］．北京：中共中央党校出版社，2018.

［30］裴晓军．马克思《哥达纲领批判》研究读本［M］．北京：中央编译出版社，2013.

［31］中共中央马克思恩格斯列宁斯大林著作编译局资料室．研究《哥达纲领批判》参考史料［M］．北京：生活·读书·新知三联书店，1978.

［32］［德］李博．汉语中的马克思主义术语的起源与作用［M］．赵

倩，王草，葛平竹，译. 北京：中国社会科学出版社，2003.

［33］［日］有贺长雄. 近世政治史［J］. 译书汇编，1900（1）.

［34］［德］马克思. 哥达纲领批评［J］. 熊得山，译. 今日，1922年第1卷第4号.

［35］［德］马克思. 德国劳动党纲领栏外批评［J］. 李达，译. 新时代，1923年第1卷第1期.

［36］［德］马克思. 德意志劳动党党纲栏外批评［N］. 彭学霈，译. 时事新报·学灯，1925-5-9，1925-5-12，1925-5-14.

原版书影印

说　明

《马克思主义经典文献传播通考》各册均附有原版书影印资料，即马克思主义经典著作中文译本。本丛书所称“译本”是指：1. 我国单行出版的马克思、恩格斯、列宁等原著，包括著作、书信选译和专题文集；2. 报纸、杂志连载马克思、恩格斯、列宁等著作的完整译文。鉴于中华人民共和国成立前，马克思主义经典著作的译本数量众多，版次与印次繁杂，本丛书所附译本均作专门说明。

本册所附《哥达纲领批判》李春蕃译本为1926年1月解放丛书社出版的《哥达纲领批评》。

馬克斯著
李春蕃譯

哥達綱領批評

解放叢書
第一種

導言

這現在方才印行的手稿和致白拉克 Bracke 的書信，是馬克斯在一八七五年離哥達聯合會議 Gotha Unification Congress（註1）之期已沒有多少時候寄給白拉克的……哥達綱領既要在哈勒會議 Halle Congress（註2）上重新討論，我覺得若再把這重要的文書壓着不發表，那麼過就在我了。

手稿尚有更大的意義。馬克斯對於拉塞爾在勞働運動中所引起的傾向，取何種態度，在這裏第一次明白地堅決地表示出來。馬克斯對於拉塞爾底經濟學說和其策略，所要說的話，盡在於此。

哥達綱領批評

解剖綱領之嚴刻，發表其分析底結果、暴露綱領草案底缺點之刻薄，過了十五年，已不至再傷任何人底感情。德國現在沒有真實的拉薩爾主義者。在哈勒會議上，就是起草哥達綱領的人，也因它全不適用而不要它了。

但是，文句太過火的地方，我把它們刪去，只要不損原意就得刪去的地方，都以點爲記。馬克斯若在要發表這手稿，也必如此。然則他在一八七五年的時候，爲什麼用到這樣過火呢？那時有二種情形，使他如此。第一，馬克斯和我，對於德國勞動運動，比對他國勞動運動，較爲密切熟悉；一看見德國勞動黨綱領草案有這種明確的退步，自然就忍不住動氣起來。第二，那時離海牙國際會議才不過二年，而與巴枯寧及其無政府黨——他們把德國勞動運動所發生的一切事情之責任，都歸在我們身上——之劇烈爭鬥還沒有息，

—2

我們自然以爲人家一定把我們看做哥達綱領草案底秘密的父親。現在時勢既已不同，那些過火的地方，就好删去了。

有幾處地方，因出版法的關係而删去，有幾處我代以較溫和的文句，以括弧爲號。除此之外，一如其舊。

英格爾一八九一年一月六號於倫敦。

哥達綱領批評

致白拉克書

親愛的白拉克，

附上綱領旁批，請你讀完後，就拿給該伯 Geib、奥爾 Auer、伯伯爾 Bebel、李普克尼希 Liebknecht 看。我事很忙，實已多於醫生所許可的。我本沒有與會來寫這樣長的議論，但要使黨內朋友對於我在將來將取的步驟不會發生誤解，又不得不這樣冗長地表示我底見解。……

……這是不能容許的，因為在德國以外我們底敵人，很奇妙地說——其實是完全錯誤的見解——挨塞那哈黨 Eisenach Party（註3）底活動，是我們從倫敦秘密指導的。例如，巴枯甯在近刊的俄文書中，……把挨塞那哈黨底所有綱領各物之責任歸在我一人身上。……

且，我有義務避去默認這我所視為不完善的、且使我黨墮落的綱領。

實際活動底每一步驟，比一打綱領還要重要。所以，若不能勝過挨塞那哈綱領（註4）——實在，那個時候的情形使不能有這樣的進步。——那麼，只要對於抗禦共同敵人的行動，有一個簡單的協定就得。若要作一涉及原理的綱領——不等聯合活動經過一定時期，才定綱領，做為聯合活動的效果——即是在全世界之前樹起測量我黨運動底範圍的界石。拉塞爾派首領因受環境之壓迫而來與我們聯合。我們在初時若就對他們說：對於原理，是不能有所爭論的；那麼，他們迫於形勢也只好以得一行動綱領或一聯合行動之組織計劃為滿足。但我們不如此，卻讓他們拿着其黨底訓令出席，再承認他們底訓令爲有效，而至於無條件降服於這比我們次得多的勢力。甚至，拉塞爾派在開安協會議之前，先自己開一次會議，而我們却等到安協會議開好後，才召集自己的大會。……我們都知僅聯合此事實，就使工人滿足，但我們若以爲這暫時的成功之代價並不甚大，那就錯了。

這綱領對拉塞爾派以外的人完全是沒有價值的。……

祝你好！

你底馬克斯。

德國勞動黨綱領旁批

一

1. 「勞動是一切財富和一切文明之源；且因單在社會內和單依社會，人才能做有用的工作，所以社會中人人都有領有其勞動生產品底全部之平等的權利。」

此條底第一部：「勞動是一切財富和一切文明之源。」

一切財富之源，不單是勞動。天然也是使用價值——物質的財富，就是使用價值組織成功的——之源。且勞動自身，也不過是天然力——人類勞動力——之表現。兒童的讀本，都有勞動是一切財富之源這麼一句話。這句話若是說「要有適當的材料和手段才能工作」這意思是沒有寫出來，留待人自己去領會，那麽還對。但社會黨底綱領，不應用這種資產階級的語法；不應毫不提及那句話底意義所依的條件。人要有了天然——一切勞動底工具、和一切勞動底材料之初源，——他底勞動，才生產出使用價値——即是財富。資產階級好稱勞動具有超乎天然的創造力。這是什麽緣故呢？因勞動雖具有超乎天然的創造力，但一定要憑藉天然，才能有爲。勞動既然是靠着天然，那麽除自己的勞動力之外別的東西一點都沒有的人，不論社會和文明在哪種狀態，總是要爲擁有物質的材料——勞動若沒有這些材料就不能——的人之奴隸。無產的人，只能工作，所以，只能過痛苦的生活。

這原則是否正確，暫且不提。現試問從這原則，應演繹出什麽結論？顯然是：

「勞動既爲一切財富之源，那麼，社會中不論哪人，若不勞動以得其生產品，就不能取有財富。所以，不勞動的人，都是依他人底勞動而生活；所享受的文明，係犧牲他人底勞動而得的。」

但綱領並不從第一原則演繹出這結論；却用「且因」這接續辭引出第二原則來，然後再從之演繹得結論。

此條底第二部：「單在社會內和單依社會，人才能做有用的工作。」

照第一原則，勞動既爲一切財富和一切文明之源，那麼，沒有勞動，就沒有社會了。但現在反說沒有社會，就沒有有用的工作。

可是，人家也可以跟着這樣子說：單在社會內，無用的工作，和甚至有害的工作，方能在工業中占一地位；單在社會內，人方能不做工而生活；換言之，可以把盧梭底學說再全述一遍。

且，什麼是『有用的』工作？這名詞之意義，只說那種工作是具有一所欲的有用的目的。然野蠻人——纔從猿進化出來的人——拿起石頭打死動物，伸起手來摘取果實，也就是做了有用的工作。

第三，將其結論研究一下：『且因單在社會內和單依社會，人才能做有用的工作，所以，社會人人都有領有其勞動生產品底全部之平等的權利。』

好一個結論！若是人單在社會和單依社會才能做有用的工作，那麼，勞動底生產品就屬於社會；而所有的生產品，除去維持工作底『條件』——即是社會——所需之後，剩餘的方才歸工人。

擁護現代社會制度的人，就常這樣主張。他們說：第一要維持政府及其一切附屬機關；因『政府是維持社會秩序的社會工具。』其次要維持各種私有財產；因『各種私有財產是社會底基礎。』此外還有許多。可知這類空洞的話，是可以任意顛倒。

此條底第一部與第二部，要有點合理的關聯，則應如斯解釋：

『勞動僅為社會的勞動——或僅在社會內和僅依社會，才成為財富和文明之源。』

這原則很是不錯。孤獨的勞動——有了適當的物質的條件——雖能夠生產使用價值，但不能產出財富文明。

下面這原則，也是很對的：

哥達綱領批評

『勞動經社會的發展，而成爲財富和文明之源，在工人方面，貧乏和悲慘若就跟着發展，在非工人方面，財富和文明跟着發展。』

這是歷史底千古不變的法則。所以，與其空說一般的勞動怎樣、一般的社會怎樣，則不如分分明明地證明現代資本主義社會中，怎樣終局要發生出許多物質的條件及其他條件，使工人能有所藉口來咒詛現代社會，且使工人不得不咒詛現代社會。

總觀全條，在外表上、內容上，都有許多缺點。然則爲什麼要採用？其目的完全是要以拉薩爾 Lassalle 派『勞動全收權』這口號爲勞動黨底標語。至於『勞動的生產品』、『平等的權利』這一類的話，後面還有引述，到彼處再說。

2.『在現代社會中，勞動機關爲資本階級所獨占。所以，勞動階級一定要依靠着資本階級。勞動階級之貧乏、之爲人奴役，原因卽在於他們不得不依靠資本階級。』（註6）

這本是抄自第一國際底規約；然因修改而陷於錯誤。

在現代社會，勞動機關爲地主與資本家所獨占，——土地獨占實爲資本獨占底基礎。第一國際的規約這一節，並沒有直接說出獨占勞動機關是哪階級；只說『勞動機關——卽生活之源——之獨占。』但『生活之源』這幾個字，已夠表示土地也是包含在勞動機關之內了。

修改之原因，是拉塞爾單攻擊資本家而不攻擊地主。英國資本家，自有其廠地的，是極少極少。

3. 『謀勞動之解放，最要是收勞動機關爲社會共有財產，協同管理全社會的勞動，公正分配勞動底生產品。』

什麼是『勞動底生產品？』是生產品實物呢？抑是生產品底價值呢？若是生產品底價值，那麼，是其全價值呢？抑是勞動所添加的價值呢？

『勞動底生產品』這空洞的名詞，拉塞爾用以代替在經濟上有較準的意義的名詞。

什麼是『公正的分配？』

資產階級對於現代的分配方法，豈不是很滿意而認爲『公正的』嗎？且在現代的生產方法之基礎上面，這種分配方法，豈不是在事實上爲唯一『公正的』方法嗎？經濟的條件，爲立法的條件所支配呢？抑立法的條件，爲經濟的條件底結果呢?再社會主義各派,對於『公正的』分配,意見豈不是頂複雜的嗎?

我們若要懂『公正的分配』這名詞是什麼意思,就應把第一條的話與第三條的話,對照一下。第三條說:『收勞動機關爲社會共有財產,協同管理全社會的勞動;』而第一條說:『社會人人都有領有其勞動生產品底全部之平等的權利。』

『社會人人』是怎樣講?是不是包含非工人在內?若然,則『勞動全收權』怎樣講?抑是單指社會內做工的人?若然,則『社會人人都有平等的權利』怎樣講?

所謂『社會人人,』所謂『平等的權利,』顯然都不過是裝飾之詞;其

本意是說在這共產主義的社會，每一個工人都一定要取得拉塞爾所主張

的「勞動生產品之全部」。

「勞動底生產品」這名詞，現若解釋爲生產品實物，那麼，協作的勞動所生產出來的物品，就全部是社會的生產品。

這社會的生產品，應拿出一部分來：

第一，修補生產機關。

第二，擴張生產。

第三，準備爲天災地禍擾及生產時之用。

在經濟上看起來，從「勞動生產品底全部」減去這一部分，爲上列之用，是必要的。至於應減去幾多，是按照各種情形而定。預測全社會的勞動可

生產出物品若干，再預測第一項、第二項、第三項所需的若干，然後算定。但是，計算時一定絲毫沒有『公正』這觀念。

剩下的生產品，才是用於消費的。

但在分配給個人之前，還要拿出一部分來，爲：

第一，管理底一般用費——不屬於生產工作所必需的直接用費所費比現代社會來得少，且隨着新社會之發展而繼續減少。

第二，滿足某種共同要求……如教育、公共衛生、等所費比現代社會來得多，且隨新社會之發展而繼續增加。

第三，維持不能工作的人之生活，即等於現在所謂『貧民救濟費』。

然後才談得到綱領——因受拉塞爾派之影響而致眼光狹小——所

注視的『分配』才談得到怎樣處置要分給工人的消費物品。

生產者底勞動生產品，有一部分被拿去爲社會公共之用。雖然從社會直接或間接取償回來，但『勞動生產品底全部』已顯然減爲『勞動生產品之一部』了。

『勞動生產品底全部』這名詞，一分析起來，就不能存在。『勞動底生產品』這名詞，也是如此；若再分析，也就不能成立。

建築在生產機關共有之上的協作的社會內，生產者不以自己勞動底生產品互相交換。製造某一生產品所費的勞動，也不作那生產品底價值，即不爲那生產品所具的一種物質的品質。因現與資本主義社會的情形不同，勞動者個人的勞動，已不間接存在，而只直接爲構成全社會的勞動之一了。

所以，『勞動底生產品』這名詞，毫無意義；就是現在，也已因其意義曖昧而受人反對了。

這里所說的共產主義社會，不是從自己獨立的基礎發展出來的共產主義社會，而是從資本主義社會生長出來的共產主義社會。在經濟上、道德上、和智識上各方面，都尚留有舊社會底缺點。每一生產者爲社會所做的工作，除拿出一部分爲社會公用之外，都從社會取償回來。他所給社會的，是他底勞動量。社會各個工人所做的工作時間，合起來就成爲社會的工作時間。每一生產者底個人的工作時間，就是他在社會的工作時間中所占的那一部分。他領得一證劵，證明他做了那麼多的工作——減去爲社會公用所做的。然後到公店，將這證劵換取等量的消費品。他爲社會公用所做的工作量，也以別一形式取回來。

這是相等價値之交換，故也與商品之交換，同一道理；不過是因爲社會底各種情形已經改變，除自己的工作之外，沒有別的東西可給人家，且除個人消費物品外，不能爲個人私有，交換底內容、形式，都不得不改變吧。所以，生產者間互相交換其消費物品，與價値相等的商品之交換，其理實一；卽以此形式的工作量與他形式的相等的工作量交換。

社會還是以權利平等——資產階級的權利——爲原則，不過理論與實行，已合而爲一，價値相等的商品之交換，是普遍的方法，而不是個別的方法。

這比在資本主義社會下，雖已進步許多，然尙跳不出資產階級之界限。

生產者所得的權利，與他所做的勞動成正比例。所謂平等，就是以一標準——勞動來繩社會全體。

然身體有強弱，資質有聰鈍。強者智者在一定時間工作，效果必多於弱者鈍者；且強者定能比弱者繼續做多幾點鐘工作。若以勞動爲準繩，那麼，對於勞動底效率，勞動底長短，自在應計之列；因若不如此，就不能成爲標準。所以，平等的權利，就是不平等的工作得不平等的權利。社會雖人人爲工人，沒有什麼階級的區別，但既默認不平等的天資和不平等的能力，那麼，天資、能力過人的人，就有過人的權利了。所以，平等的權利，在實質上，是不平等的。

權利在本質上，僅爲使用一律的標準。然而要以平等的標準來繩不平等的個人，——其所以不平等，不過是因爲他們不是一個人——那麼，只能從同一角度去觀察不平等的個人，單看他們之某一方面。把他們都一律視爲簡單的工人。別的品質，一概不管。工人有的已婚，有的未婚，有的無子，有的多子。假若做等量的工作，得等量的消費品，在實際上，一定有人比他人獲得多，有人比他人充裕。若要免去這些弊害，權利就不應爲平等的，而應爲不平等的。

然而在共產主義社會底第一階段，這些弊害，是不能避免；因爲共產主義社會剛才從資本主義生出來。社會底經濟構造、和從之而生的社會底文化發展，達到哪地步，權利就只能跟到哪地步，不能越過分厎。

在共產主義社會底較高階段，工人在分工下所受的奴隸的束縛消滅，勞心與勞力因之沒有區別；勞動不單爲謀生之手段，而爲生命底第一欲求；

社會的生產力之增大，與社會底個人在各方面之發展成正比例；——然後，才能跳出狹小的資產階級的眼界，然後，社會才能在它底旗幟上寫着：「各盡所能，各取所需。」

我對於「勞動生產品之全部」、「平等的權利」、和「公正的分配」說了這許多話，目的是要指出：第一，強以過時的、毫無意義的學說，爲我黨之信條；第二，圖拔除去堅植於我黨黨員底腦子中的現實觀念，而代以權利、平等這一類的空想（權利、平等，都是民主黨和法國社會民主黨所最喜歡說的）——都是何等沒有意義。

且，重視分配過於其他問題，實極錯誤。

不論在什麽時候，消費物品底分配，不過是那時代的生產機關底分配之結果生產機關底分配，又爲那時代的生產方法底特質。試以資本主義的生產制度爲例。它底基礎，爲：生產底物的條件，在非工人——資本家和地主——底手裏；而平民所有的，爲生產底人的條件——勞動力。生產底要素，旣如此分配，自然就生出現在這種消費物品底分配制度。設若生產底物的條件，爲工人底共有財產，那麽消費物品底分配制度，就一定不會和現在一樣了。但資產階級的經濟學者，謂分配問題，可離生產方法而獨立研究。空想的社會主義者，奉之爲天經地義。有一部分的民主黨員，又再從空想的社會主義者抄去。因就推度謂社會主義是專重討論分配問題的。然生產與分配之關係，其實質早就旣顯且明，我們又何必再跟他們一樣呢？

『勞動之解放，應勞動階級自己去做。與勞動階級對峙的一切其他階級，併合爲一反動派。』

此條前半係抄自第一國際底規約之頭句，而加修改的。第一國際底條文原爲：『勞動階級之解放，是要工人自己起來做的。』可是綱領中的修改句子是怎樣？『勞動階級』要解放——什麽？『勞動。』這只有他瞭解，此外誰能懂呢？

前半雖壞，但後半更糟。後半就是拉塞爾派的話：『與勞動階級對峙的一切其他階級，併合爲一反動派。』

共產黨宣言有一段說：『現在與資產階級對峙的各階級中，只有這無產階級，才算得眞正的革命階級。別的階級都隨着大工業之發展而衰頽消滅，唯有這無產階級是大工業的特產。』

資產階級是大工業的擁護者，爲與封建貴族和中等階級——他們要維持爲古代生產方法之產物的社會地位——對峙的革命階級。所以，封建貴族和中等階級，並不與資產階級，混合爲一反動派。

無產階級爲與資產階級對峙的革命階級，無產階級發長於大工業之上，努力要將生產所具的資本主義的特質除去；而資產階級却欲維持那種特質。但共產黨宣言又說：『中等階級若覺得自己將墜入無產階級時，也會革命。』

這樣看起來，斷定中等階級將與資產階級、封建貴族『糅合爲一反動派』來與勞動階級相對峙，也是謬誤的。

近來選舉競爭的時候，我們嘗對獨立的手工藝者、小製造家、和農民說：

『你們與資產階級、封建貴族、構成爲一反革命派，來與我們相對峙』嗎？

但拉塞爾是很懂共產黨宣言，有如拉塞爾底信徒之懂拉塞爾自己的神聖的著作。他之所以亂改共產黨宣言是爲要掩飾他與專制主義者、封建貴族之聯盟——他底對抗資產階級的聯盟。

往下又再硬加上拉塞爾式的話；此種話斷然不會不合俾斯麥的……

5.「勞動階級應先在現代國家之範圍內努力活動，以謀自己的解放。各文明國底工人，都這樣努力。同時，想出這種努力底必然的效果，一定爲世界人類底親愛。」（註8）

拉塞爾從最狹小的國家主義的立足點去考慮勞動運動。這實與共產黨宣言及以前的社會主義相違。

哥達綱領批評

勞動階級要鬥爭，一定要先把本國的勞動者團結做一個階級，而在本國進行階級戰鬥。在這種意義上，階級戰鬥是國家的。但，這並不是說階級戰鬥底實質是國家的，而不過如共產黨宣言所說，在形式上爲國家的。且『現代國家之範圍』——如德意志帝國——它自身在經濟上，是在世界市場之範圍內；在政治上，是在國際團體之範圍內。就是德國商人，也知德國的商業同時爲國際的商業。俾斯麥之偉大，卽在於他底政策底類國際性。

德國勞動黨底國際主義，降低到什麼地步呢？降低到爲承認『其努力的效果，將爲世界人類底親愛。』德國勞動黨從資產階級的和平與自由聯盟League of Peace and Freedom 抄了這句話，要來代替國際勞動階級在共同對統治階級及其政府作戰時的親愛。至於德國勞動黨在國際上的任務，却一字不提！這就是德國勞動黨攻擊本國的資產階級和俾斯麥底國際陰謀政策所採取的態度！但它本國的資產階級，已與他國的資產階級很密切地聯合來攻擊工人了！可見德國勞動黨底國際意識，還不如德國資產階級！

德國勞動黨底綱領之國際主義的意識，實在是比自由貿易黨低得多。自由黨也謂『世界人類底親愛』，爲他們努力底目的。且在實際上確實盡力去把商業改變爲國際的；決不滿於各國僅在自己國內進行商業。

勞動階級之國際的活動，決不是有第一國際之後才有的。第一國際不過是各國勞動者第一次企圖建立一中央機關以指導國際活動而已。第一國際雖隨法國共產團之失敗而消滅，但創建第一國際時所起的衝動，却產

哥達綱領批評

出永久的效果。

俾斯麥在北德新聞 Norddeutsche Allgemeine Zeitung 上說德國勞動黨在新綱領中已捨棄第一國際是不錯的啊。

二

『依據這些原理，德國勞動黨以一切合法的手段努力創造一自由的國家，建造一社會主義的社會；努力推翻工錢制度及其工錢鐵則，推翻一切的掠奪；努力廢除各種社會上政治上的不平等。』（註9）

關於『自由的』國家之問題，我往後再說。德國勞動黨今後就應信拉塞爾之『工錢鐵則』了！綱領說什麼『推翻工錢制度及其工錢鐵則，』意

30

義非常曖昧。（工錢制度應說為工錢勞動制度。）設若我們廢除了工錢勞動，工錢定則自然也就廢除去了。不管那定則是鐵的或是海綿的。然而拉塞爾對於工錢勞動的攻擊，却完全在於工錢鐵則。綱領上說：推翻工錢制度及其工錢鐵則——不是不及其工錢鐵則；可知拉塞爾派是勝利了。

拉塞爾底工錢鐵則，這個鐵字，係仿哥德 Goethe 底『偉大的不滅鐵則。』這『鐵』字成為一種標記，凡用這個字的，就是正教徒。我們若信拉塞爾底工錢鐵則，就應信這鐵則所依據的基礎。其基礎是什麼？拉塞爾死後，有一人口論信徒朗格 Lange （註10）說：工錢鐵則底基礎，就是馬爾薩斯 Malthus 底人口論。若馬爾薩斯底人口論是對的，那麼，就是我們很要廢除工錢勞動！也不能推翻這工錢法則；因為此種法則所支配的，不單是工錢勞動制度，而是一切社會制度。這五十多年來的經濟學者，常都站在馬爾薩斯底人口論這立足點，來證明貧乏是一種天然的現象；所以社會主義並不能除去貧乏，僅把貧乏普遍於衆人，把全社會都陷於貧乏之而已！

上面所說，並不是主要的地方。綱領字裏行間的巨大退步，不在於拉塞爾這錯誤的定律，而在於：

拉塞爾死後，我們黨內有一種科學的信仰，謂勞動底工錢，不是勞動底價值或勞動底價格，而只爲勞動力底價值或勞動力底價格之假形。工錢勞動者必要拿一部分時間，來做對資本家和其他消費剩餘價值的人有利、但對自己毫無效果的工作，然後才能爲他自己的生活——卽謀生活——而勞動。所以，資本主義的生產制度，全部繫着擴大這種無報酬的工作。擴大的方法，或爲延長工作時間，或爲增加生產力。所以，工錢勞動這制度，是一種奴隸制度。奴隸制度之殘刻，與勞動底社會的生產力之發展，成正比例，不管勞動者所得的報酬是增加抑係低減。此種事實，現已極明顯。所以從前對於勞動底工錢之一切資產階級的學說及其批評全部推翻，此種科學的信仰，現方極快地得我黨黨員之深信，而我們爲何却反退後接受拉塞爾底學說。——拉塞爾顯然是不知勞動底工錢，實爲何物，唯跟着資產階級的經濟學者，把工錢底外表，當做工錢底實質。

這好比：有一羣奴隸，後來瞭解奴隸制度底意義，就起來革命。其中有一奴隸，他底思想，尚爲從前的眼界所支配，在革命之綱領上寫着道：奴隸制度非廢去不可；因在奴隸制度中，奴隸底價錢，總是極少得可憐呀！

我黨底代表定出來的妥協的綱領，主張竟與黨員一般的意見相離極大。真不知他們在起草的時候是怎樣輕浮的？

此條以「廢除各種社會上政治上的不平等」作結。其實他們不應說這種空空洞洞的話，而應說廢除階級區別，從這些區別所生出來的一切社會上政治上的不平等，就自然跟着消滅。

三

「德國勞動黨要求設辦生產合作社，由國家資助，而在勞動民衆底德謨克拉西的支配之下，以謀社會問題之解決。在工業和農業中，應設辦許多生產合作社，為將來的「集合勞動底社會主義組織」之基礎」（註11）

在「工錢鐵則」之後，就跟着這先知者拉薩爾底萬應藥！不說：「現代階級戰鬥」，而說爲「社會問題」。又「謀」「社會問題」之「解决」。「集合勞動底社會主義組織，不是發生於社會推移底革命的行程，而發生於設備生產合作社的「國家資助」。合作社之設辦不由工人，但由國家。拉薩爾以爲用政府公款來建築一新社會制度，和用政府公款來建築一條新鐵路一樣容易。這種觀念，眞值得拉薩爾幻想呵！

這種「國家資助」又要放於「勞動民衆」底德謨克拉西的支配之下；那眞很……可恥。

第一，德國底「勞動民衆」，農民是多於無產階級（工人）。

第二，「德謨克拉西」，俗即是「人民統治」。但「勞動民衆底人民統治的支配」是什麼意思？，且這種勞動民衆，看他們要求國家資助就知他們沒有統治的能力，而獲得統治權的時機還沒有成熟！

在菲律 Louis Phillippe 時代，共社 Buchez 起草了一個實現社會主義的方案，與法國社會主義者一般的願望是大相反的，但被那些辦工場 L'Atelier（註12）的反動的工人所採用。這里用不着來批評它。且我們所最反對的，不在於綱領採進了這一萬應藥；而在於一普遍的錯誤，卽從階級運動底立足點，退至分派運動底立足點。

我們說工人要把協作的生產底條件，創立在社會的基礎上，和先在國家的基礎上；是謂他們努力改變現代的生產制度，決沒有一點同於由國家資助設辦合作社為基礎。就將現在合作社來說，其所以有價值，是因它們純粹爲勞動階級所獨自創造，而不是因其爲政府所保障、受資產階級所愛護。

四

現到德謨克拉西之部了。

A.「國家底自由的基礎」。

第二節謂德國勞動黨底目的，是在於建立「自由的國家」。

自由的國家——是什麽?

眼光遠大的工人，他們底目的，決不會在於使國家自由。德國底國家，差不多與俄國底國家一樣自由。且自由是把國家從爲支配社會的機關，變做被社會所支配的機關。今日的國家底形式，是否自由，完全不在社會限制「國家底自由」是否成功。

德國勞動黨採用這種綱領，可知他們不把現代社會看做現代國家底基礎，（換言之不視將來社會爲將來國家底基礎。）而看國家做一獨立的東西，有它自己精神的、道德的、和自由的基礎。

『現代國家』『現代社會』這二個名詞，都被誤用。但更大的錯誤，是它對於國家——綱領對國家有好多要求——之觀察。我們現在重新研究一下：

『現代社會』就是資本主義的社會。現在各文明國都行着資本主義的制度，都脫離中世紀的混合物，都受各地底特殊的歷史的發展之影響而變狀，都已發展；不過程度不同而已。但『現代國家』却就一國一國不同。所以，『現代國家』是一杜撰的話。

各文明國底國家，在形態上雖極差異，但有一共同要素，即都是建築在近代資產階級社會——不管其資本主義之發展程度如何差異——之上。所以，它們具有許多共同的根本特質。在這種意義上，我們可說『現代的國家制度』以別於將來的國家制度——即資產階級社會（現代國家底根基）消滅之後的國家組織。

因此，就發生一個問題：在共產主義社會內，國家制度將怎樣變革；換一句話說，在共產主義社會中，還有什麼類於現代國家底職能？要回答這個問題，只有應用科學的方法，不是單把『人民』與『國家』聯在一處，所能解決。

資本主義社會與共產主義社會之間，有一從前者推移到後者之革命的變革底時期。政治上也跟着有這樣的過渡時期。在這過渡時期的國家，只能爲無產階級底革命的獨裁制。

但綱領對無產階級底革命的獨裁制及將來的共產主義社會底國家組織，絲毫沒有提及。

政治上的要求，不過是些陳腐的德謨克拉西的話：普通選舉、直接立法、國民權利、民軍、等。完全雷同資產階級政黨——和平與自由聯盟——底要求。這些單純的要求，都早已實現；不過實現的地方，不是德國而是瑞士和美等國吧。這種『將來的國家，』是現代的國家；現代的國家只是在德意志帝國範圍之外。

且有一點被忽視。德國勞動黨既公然宣言它是在『現代國家之範圍內」努力活動。所謂現代國家，是指其本國——德意志帝國（若不是指本國，所提出的要求，就都沒有意義，因別處已實行，用不着要求了。）那麼，就不應忘這緊要之處，即：這些要求，是基於人民主權，所以只在德謨克拉西共和國才能實現。

法國工人，在菲律和拿破崙第三 Louis Napoleon 專制政治之下，要求德謨克拉西共和國，結果如何，我們是看得出的。所以要求時應十分小心。有許多東西在德謨克拉西共和國中才能求得到；那麼，最好不要對一軍閥專制政治——為警察所護衛、分部政治所合成，雖還剩有封建混合物，但已為資產階級勢力所轉移，為議會制度所掩飾——的國家，假提出這些要求。

有些人視德謨克拉西共和國，為人類底黃金時代，而從沒有認識階級—

戰鬥只在此種資產階級社會在政治上的最終形式中才作最後的決戰。就是這種陳腐的德謨克拉西，比那不跳出警察統治這圈子的、在理論上爲不可能的、德謨克拉西，已高出萬萬了。

綱領中又說什麽『德國勞動黨要求以單一累進率所得稅，爲國家底經濟的基礎；』可知起草綱領的人，說『國家』時，實是指政府機關或是指『因分工而與社會分離，成爲一特殊機體』的國家了。租稅只爲政府機關底經濟的基礎，而不能爲國家底經濟的基礎。且所謂將來底國家，如現在的瑞士國家，此種要求，已大部分施行。但所得稅是先假定進款底各根源，爲社會底各階級所私有；即先假定那時社會是資本主義的。所以，無怪利物浦金融改良者協會 Financial Reformers of Liverpool ——格拉德士吞

W. E. Gladstone 底兄弟（Rodertson Gladstone）所領導的資產階級團體——所提出的要求，竟與德國勞動黨底綱領所提出的相同。

B.『德國勞動黨提出下列要求，爲國家底智識的和道德的基礎：』

I.『國家設備普遍的和平等的國民教育，入學爲國民之義務，但學校不收費。』

平等的國民教育？這句話是什麽意思？在現代社會，一切階級底教育，我們相信其能平等嗎？抑或這要求是謂強制上層階級只能得國民小學所授與的那一點教育；只能得農民和工錢工人底經濟能力所容許農民工人所得的教育呢？

『入學爲國民義務，但學校不收費。』義務教育，德國早已施行，免費教育——瑞士和美國底小學校，也已施行。假使美國有幾邦中高等教育，也是免費，但究竟是爲上層階級底利益，不過把高等教育底經費，叫公衆拿出來吧。在A 5那一段所要求的『裁判免費，』也是這麼一回事。刑事的裁判，不論在什麼地方，都是免費的。民事的裁判，則差不多完全是關於財產的涉訟；所以，只是關於資產階級。此種要求，是否要資產階級訴訟之費用，也由公家付出？

關係教育這一段，至少也應要求技術學校——理論的和實際的——與國民小學同樣免費。

我們應毅然決然拒絕『國家設備國民教育。』供給國民小學用費、規定教員底資格、編制課程、派視學員來看學校是否遵守國家命令——執行此種職權，與以國家爲人民的教育者，完全不同！政府與教會都應與教育分離。且德國的國家，反應受人民之教呢。

綱領全部，除了說些德謨克拉西之響話之外，復深受「拉塞爾派對於國家的信仰」之毒。更壞的是復與德謨克拉西的荒唐信仰調合為一。那二種信仰，都與眞實社會主義距離八萬九千里。

「科學底自由」為普魯士憲法條文之一，我們在這里為什麼用着攻擊呢？

「良心的自由。」假如現在是反抗天主教會底權力之時候，就好把自由黨的舊口號，重新提出來——要這樣說才有力：「宗教的……「事」，應隨各人之所欲而行，警察不應干涉。」勞動黨應利用這個時機發表它底意見，謂資產階級之「良心底自由」不過是容許各種良心的宗教的自由，而勞動黨的目的却在於使人類底思想從一切宗教怪物解放出來。可是，起草綱領的人却不要跳出『資產階級』的水平線。

我的評註，現將告終，因其餘都不是重要的只附片言隻字就得。

2.『經常的工作時間。』

除了德國的勞動黨之外，沒有別一國的勞動黨，其要求是這樣空洞。他國勞動黨，都說出一工作時間的長度，是它在現代情形之下所視爲經常的。

3.『限制婦女勞動和禁止兒童勞動。』

規定經常的勞動時間，限制婦女勞動的工作時間、中間休息，自然是在內的。若『限制婦女勞動』句話這的意思不止此，那麼就只能解釋做禁止婦女從事於對婦女健康特別有妨礙的工業、對婦女道德特別有危險的工業。若起草綱領的人，是有這意思，就應明白說出來。

『禁止兒童勞動！』但指出年齡界限，是絕對少不了的。

全然禁止兒童勞動，爲大工業所不許。所以，這不過是一空望。

就是能施行，全然禁止兒童勞動，也爲反革命的。蓋各種年齡的人底工作時間若嚴密規定，和再採用其他保護兒童勞動的適當方法，使工人少時就從事生產工作，輔之以教育；此爲變革現代社會最有力的手段。

4.『國家監察工廠、工場，和家庭工業。』

我們對於德國的國家，應明確地要求：監督者之罷免，須依法律的規定；監督者若失職，工人有權告發；監督者應具有醫生的資格。

5.『規定監獄勞動。』

在一般勞動綱領中，這是頂小的要求。不論如何，——勞動黨應明白地說：勞動黨不欲見普通的犯人，被人看做畜生，尤不欲見犯人的改善之唯一手段——生產的工作——被奪去。此爲我們能從社會主義者期望得的最少限度。

6.『有效的雇主責任法。』

『有效的』雇主責任法是什麼，應說再明確些。

起草綱領的人，當論及經常勞動時間之問題時，把工廠法之關於工廠衛生、傷害保護等事的部分，都忽視過去，但雇主責任法僅雇主違犯了上述那些規定的時候，方才適用。……

『我話已說了，救了我底精神，』——第——

附注

（註1）這會議在哥達開會，從一八七五年五月二十二日至二十七日。目的是要把拉塞爾派與社會民主黨合而爲一，使德國工人聯合起來，組成一抗禦政府壓迫的更有力量的戰線。

（註2）哈勒會議是在一八九一年召集的，以修改勞動黨的綱領。這年十月，又開耶爾福會議 Erfurt Congress。

（註3）德國勞動階級團體聯盟 League of German Working-class Associations 於一八六九年在埃塞那哈 Eisenach 改組爲社會民主勞動黨 Social Democratic Labour Party。馬克斯派分

子最占優勢，故綱領具極濃厚的馬克斯主義的意味。

（註4）因需要着妥協使與拉塞爾派互相瞭解，致大會不能採用一純粹馬克斯主義的綱領。

（註5）哥達會議所採用的本文爲：『勞動是一切財富和一切文明之源；且因單依社會，人才能做一般有用的工作。所以，勞動生產品之全部，屬於社會——即社會全體。人人有滿足其正常需求的平等權利——人人也一律有勞動之義務。』

（註6）此條哥達會議採用的，與草案一樣無二。

（註7）哥達會議所採用的爲：『謀勞動者之解放，最要是收勞動機關爲社會共有財產，協同管理全社會的勞動，爲公同利益使用、或公正

附注

分配勞動的生產品。」

（註8）哥達會議修改這一條做：「德國社會主義勞動黨雖先在國家範圍內努力活動，而很知道勞動運動之國際的性質，決盡工人所負的一切義務，以促人類親愛之實現。」

（註9）哥達會議所採用的是：「依據這些原理，德國社會主義勞動黨以一切合法的手段，努力去創造一自由的國家，創造一社會主義制度的社會；努力廢除工錢勞動制度以毀滅工錢鐵則；和廢除各種社會上政治上的不平等。」

（註10）朗格著有唯物論之歷史 History of Materialism。

（註11）哥達會議只把頭一句改爲：「德國社會主義勞動黨。」

哥達綱領批評

（註12）工場是在非律時代之末年在巴黎出版的自稱爲『完全由工人編輯的勞動階級的特殊言論機關』的刊物。擁護步社之主張。

52

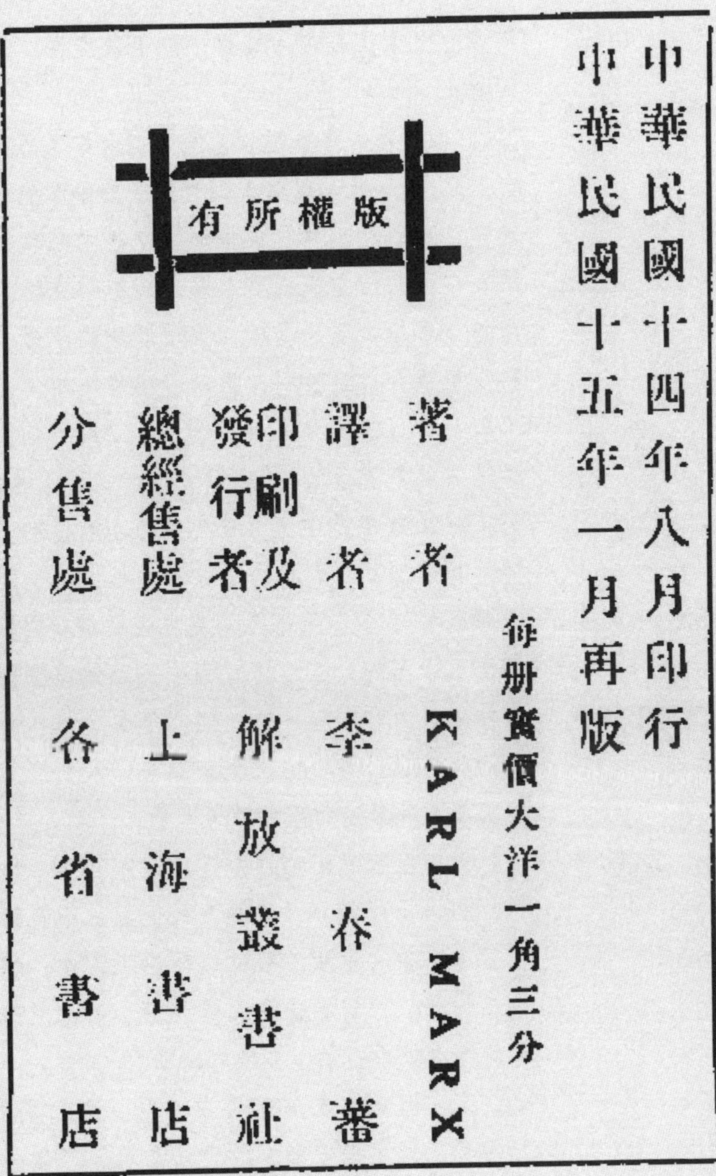
中華民國十四年八月印行
中華民國十五年一月再版

每册實價大洋一角三分

著者 KARL MARX

譯者 李春蕃

印刷及發行者 解放叢書社

總經售處 上海書店

分售處 各省書店

后记

“马克思主义经典文献传播通考”丛书经过三年多的立项、写作、编辑，终于呈现在广大读者面前。

“十月革命一声炮响，给我们送来了马克思列宁主义。”从此，以李大钊为代表的中国先进分子选择了这一思想并积极推动马克思主义政党的建立。中国共产党成立后，坚定地把马克思主义作为指导思想和理论基础，推动着中国革命、建设和改革事业不断胜利，推动着中华民族复兴伟业不断前行。2018年是马克思诞辰200周年，2020年是《共产党宣言》第一个完整中译本出版100周年，2021年是中国共产党成立100周年。在这样的背景下，我们推出了“马克思主义经典文献传播通考”，就是要探寻马克思主义经典文献是如何传入中国的；在传播过程中，无数前辈付出了怎样的努力和牺牲；这些经典思想又怎样与中国实际相结合、与中国文化相融合，从而成为指导中国革命和建设的强大思想力量。

辽宁出版集团和辽宁人民出版社秉承出版理想，担当出版使命，以强烈的主题出版意识，承担了这一重大出版工程的编辑出版工作；积极组建工作团队，配备优秀编辑力量，为此项出版工程的顺利推进提供了多维度保障。

在出版项目实施过程中，杨金海、李惠斌、艾四林三位主编以高度的责任意识、严谨的治学态度、扎实的学术功底和深厚的专业素养，为从书的研究方向、学术内容、逻辑结构、作者选择、书稿质量把关等贡献了大量的智慧，是这套丛书得以顺利出版的根本保证。王宪明、李成旺、姜海波三位副主编全力配合丛书主编工作，为丛书的编写付出了大量心血。特别是常务副主编姜海波全身心投入丛书的编写工作，从丛书所附影印底本资料的搜集，到书稿编写的整体协调和联络，都精心负责，其认真的工作精神和勤奋的工作态度，令我们感动。原中央编译局的领导和研究人员为本丛书的出版作出了积极贡献。原副局长张卫峰在选题立项、主编人选的推荐和丛书的设计上给予热心指导；中央编译出版社原社长和龑先生和我们一起全力推动丛书的出版，贡献了智慧和力量。清华大学马克思主义学院作为项目的主持方，为项目的平台建设和未来学术发展提供了强有力的支持。每本书的作者都殚精竭虑、勤奋写作，奉献了自己的学术和研究成果，成就了如此大规模丛书的出版。我国理论界和翻译界的著名专家陈先达教授、赵家祥教授、宋书声译审等对丛书的出版给予鼎力支持，为丛书的出版立项积极推荐，给我们以巨大鼓舞。我们出版行业的老领导柳斌杰对丛书的出版给予大力支持，提出许多宝贵建议，提升了其出版价值。辽宁出版集团专家委员会的许多成员对该丛书的出版给予了智力和业务上的支持帮助。作为丛书的出版方，我们向他们表示深深的谢意！

一项浩大出版工程的背后，必定有一批人的智慧付出和竭诚奉献。今天，当出版成果摆在读者面前之时，我们由衷地向每一位对本丛书问世作出贡献的人致以崇高的敬意和诚挚的谢意。由于我们水平有限，在编辑出版过程中难免出现疏漏，还望广大读者批评指正。

编 者

2019年7月